O aluno-problema:
forma social, ética e inclusão

EDITORA AFILIADA

Volume 1
Coleção *Educação & Saúde*

Dados Internacionais de Catalogação na Publicação (CIP)
(Câmara Brasileira do Livro, SP, Brasil)

Freitas, Marcos Cezar de
  O aluno-problema : forma social, ética e inclusão / Marcos Cezar de
Freitas. — São Paulo : Cortez, 2012. — (Coleção educação e saúde ; v. 1)

  ISBN 978-85-249-1750-9

  1. Aluno-problema — Educação 2. Crianças e adolescentes —
Dificuldades de aprendizagem 3. Desempenho escolar 4. Professores de
aluno-problema I. Título. II. Série.

12-05330

CDD-370.158

Índices para catálogo sistemático:

1. Aluno-problema e professores : Psicologia educacional   370.158
2. Professores e aluno-problema : Psicologia educacional   370.158

Marcos Cezar de Freitas

O *aluno-problema*

forma social, ética e inclusão

1ª edição
4ª reimpressão

O ALUNO-PROBLEMA: forma social, ética e inclusão
Marcos Cezar de Freitas

Capa: aeroestúdio
Revisão: Ana Paula Ribeiro
Preparação de originais: Ana Paula Luccisano
Composição: Linea Editora Ltda.
Coordenação editorial: Danilo A. Q. Morales

Nenhuma parte desta obra pode ser reproduzida ou duplicada sem autorização expressa do autor e do editor.

© 2011 by Marcos Cezar de Freitas

Direitos para esta edição
CORTEZ EDITORA
Rua Monte Alegre, 1074 – Perdizes
05014-001 – São Paulo – SP
Tel.: (11) 3864-0111   Fax: (11) 3864-4290
e-mail: cortez@cortezeditora.com.br
www.cortezeditora.com.br

Impresso no Brasil — abril de 2023

Sumário

Apresentação da Coleção 7

Introdução 11

Da importância de compreender tempos e formas sociais 19

Simultâneo, mas nem sempre ao mesmo tempo 41

Um pouco de história no debate sobre quem fica,
    quem sai 50

Quem entra, quem fica, quem sai: formas sociais e
    formas não escolares da educação 89

Desempenho: escola e saúde 103

Considerações finais 113

Para aprofundar a questão 119

Apresentação da Coleção

A Coleção *Educação e Saúde* tem por objetivo estabelecer diálogo entre pesquisadores do Programa de Pós-Graduação Educação e Saúde na Infância e na Adolescência, da Universidade Federal de São Paulo, e educadores e professores que atuam com crianças e adolescentes no âmbito da educação básica.

O conjunto de títulos que o leitor encontra nesta Coleção reúne investigadores cujas pesquisas e publicações abrangem de forma variada os temas infância e adolescência e que trazem, portanto, experiência acadêmica relacionada a questões que tocam direta e indiretamente o cotidiano das instituições educacionais, escolares e não escolares.

O diálogo entre os campos da Educação e Saúde tornou-se necessário à medida que os desafios educacionais presentes têm exigido cada vez mais o recurso da abordagem interdisciplinar, abordagem essa necessária para oferecer alternativas às tendências que segregam os chamados problemas de aprendizagem em explicações monolíticas.

A educação dos educadores exige esforços integradores e complementares para que a integridade física, social, emocional e intelectual de crianças e adolescentes com os quais lidamos diariamente não permaneça sendo abordada com reducionismos.

Percebemos com frequência a circulação de diagnósticos que reduzem os chamados problemas educacionais a um processo de escolha única, sem alternativas integradoras.

Em relação aos chamados problemas educacionais, na maioria das vezes as opções formativas ou são devedoras de argumentos clínicos ou são devedoras de argumentos socioeconômicos, mas predominantemente esses universos são apresentados como realidades que não devem se comunicar, tornando a opção por um a imediata exclusão do outro.

As desvantagens pessoais e sociais de crianças e adolescentes estão diariamente desafiando professores e educadores em geral. Abordar de forma objetiva e integrada o complexo tema dos chamados problemas físicos, emocionais, intelectuais e sociais que manifestamente interferem na vida escolar de crianças e adolescentes é o desafio desta Coleção.

Esse desafio nos levou a trazer para a Coleção um repertório de temas que contempla os problemas sociais de alunos pobres; os chamados déficits de atenção; as várias formas de fracasso escolar; as deficiências em suas muitas faces; as marcas do corpo; a sexualidade; a diversidade sexual; a interação entre escola e família; a situação dos alunos gravemente enfermos; as muitas formas de violência contra a criança e entre crianças; os dramas da drogadição; os desafios da aquisição de linguagem; as questões ambientais e vários outros temas conexos que foram especialmente mobilizados para este projeto editorial.

A mobilização desses temas não foi aleatória. Resultou do processo de interação que o Programa tem mantido com as redes públicas de ensino de São Paulo. E tem sido justamente essa experiência a grande fiadora da certeza de que os problemas educacionais de crianças e adolescentes não são exclusivamente clínicos, nem exclusivamente sociais. Pensemos nisso.

Por isso, apresentamos a Coleção *Educação e Saúde* como quem responde a uma demanda muito consistente, que nos convida a compartilhar estudos sobre a infância com base naquilo que de mais rico a interdisciplinaridade tem a oferecer.

Marcos Cezar de Freitas

Coordenador da Coleção

Introdução

Inclusão e ética são palavras consumidas diariamente nos meios educacionais.

A palavra inclusão tem sido um guarda-chuva que abriga sob si inúmeros clamores, todos relacionados à expectativa de fazer com que a escola abranja a todos indistintamente.

A palavra ética, direta ou indiretamente, tem sido usada como se fosse uma ferramenta necessária não para ajustar propostas, mas para indicar práticas necessárias para garantir que o contrário da inclusão, ou seja, a exclusão, não seja convertida num "valor defensável".

Toda vez que a palavra ética é assim usada, independentemente da precisão conceitual demonstrada por aquele que a utiliza, exerce um efeito importante sobre os atores educacionais. A presença e o uso da palavra rememoram os compromissos fundamentais do educador e inibem, pelo menos um pouco, as manifestações daqueles que consideram "inevitável" a exclusão de alguns ou, pior ainda, "necessária" para que a escola finalmente "funcione".

O uso da palavra inclusão tem demonstrado a presença daqueles que falam em nome de crianças, adolescentes e adultos que não estão completamente radicados na "forma" que a pessoa adquire quando está na condição de aluno. Ou, ainda, daqueles que falam em nome dos que não têm acesso a qualquer escola ou instituição educacional.

O uso da palavra ética com frequência é banalizado. Seu uso muitas vezes se refere simplesmente à expectativa de que as pessoas sejam "mais honestas".

Trata-se de uma perspectiva importante, afinal de contas convém mesmo que todos sejam mais honestos. Porém, muitas vezes o uso da palavra ética como indicador de honestidade se torna parte dos jogos de palavras que dividem o mundo entre bons e maus, entre os do bem e os do mal.

A educação escolar diz respeito a quem? A todos?

E o que nós entendemos por todos?

Este livro tem por objetivo estabelecer um diálogo com o professor que está na sala de aula, especialmente aquele que se depara cotidianamente com a pressão gerada por números que supostamente revelam que seu desempenho é "insuficiente" em relação à parte do alunado.

Essa suposta insuficiência parece se comprovar nas evidências que crianças e jovens nos dão de que simplesmente "não aprenderam" os conteúdos escolares. A escola é para todos, mas o professor tem dificuldades específicas em relação a alguns.

Quem pesquisa realidades escolares está habituado a ouvir a seguinte queixa: "a classe tem quarenta alunos, não tenho como me ocupar especificamente de dois ou três".

Considero importante procurar, mesmo com a simplicidade que a proposta desta publicação exige, refletir sobre algumas questões de fundo, a fim de compartilhar com professores o entendimento que tenho a respeito da "forma" que os problemas adquirem em circunstâncias específicas.

Porém, tenho aqui um desafio que marca a essência da coleção na qual este livro está inserido. Sou chamado a tratar de "questões de fundo" como quem apresenta um tema aos que se aproximam pedindo para entrar e sentar.

Isso que, aqui, quer revelar um senso de hospitalidade, é uma intenção explícita de evitar que o tom da escrita deixe para fora quem até aqui teve dificuldade para acompanhar o trabalho acadêmico que as universidades têm acumulado nos últimos anos em relação aos dramas cotidianos do insucesso escolar.

Começo lembrando que conseguir ensinar e conseguir aprender são expressões que adquirem sentido muito particular quando a educação é praticada na "forma escolar", e essa é a essência da reflexão que aqui será trabalhada.

Este livro quer oferecer elementos para entender e pensar a questão do desempenho escolar de alguns em relação a todos, no bojo de uma reflexão sobre ética diante do problema do outro. Esse outro é um ator social de grande visibilidade nas nossas representações do sucesso e do insucesso: trata-se do aluno que não aprende. Portanto, a reflexão em curso neste livro diz respeito a um aspecto singular do tema inclusão. Refiro-me a quem está dentro das instituições educacionais; especificamente aqueles cuja presença é motivo de preocupação e, muitas vezes, questionamento.

Parece ser uma banalidade, mas é importante lembrar que o aluno que não aprende não é uma personagem inserida em qualquer trama. Necessariamente ele é uma personagem de sociedades como a nossa que, sem dúvida, pode ser considerada uma "sociedade escolar". Seu cenário é a sala de aula. Parece ser uma banalidade, mas não é.

Um aluno que não aprende determinado conteúdo hoje, não pode ser comparado com alguém, séculos atrás, em dificuldades diante de um professor. É importante perceber o que há de específico e nosso nessa questão.

É importante também lembrar que estamos aqui tratando de novidades.

O desempenho escolar da criança e do adolescente é objeto de impressionante quantidade de estudos.

Do final do século XIX ao início do século XXI, poderíamos escolher vários momentos-chave para exemplificar processos de configuração dos campos de conhecimento que tomaram por base a intenção de elucidar como a criança que está diante do professor na sala de aula assimila satisfatoriamente conteúdos escolares.

Poderíamos também apontar muitos outros exemplos de estudos que se dedicaram a explicar exatamente o contrário, ou seja, estudos que se dispuseram a indicar as causas do não aprendizado, da não assimilação, da dificuldade no entendimento.

A assim chamada inteligência da criança foi continuamente conceituada, analisada, medida, comparada, catalogada e esse processo, que no transcorrer do século XX foi capaz de promover intensa circulação de ideias sobre a escolarização na infância, frequentemente fez com que imagens e símbolos de um campo de conhecimento tomassem parte na constituição do repertório de palavras de outros campos de investigação.

Quantas falas médicas não despontaram como parte do vocabulário pedagógico? Quantas imagens construídas no universo jurídico não foram utilizadas na descrição das "profundezas da mente"? E, vice-versa, quantas ferramentas conceituais da psiquiatria não foram consideradas peças fundamentais para a explanação jurídica sobre as formas da inteligência da criança considerada erroneamente como "propensa" ao crime?

Sobre o pensar e o raciocinar de crianças e adolescentes muito já se falou e se escreveu. Com igual grandeza de números, muito já se opinou sobre a importância de se oferecer ao professor formação adequada a respeito da inteligência da criança para que pudesse, na sala de aula, empreender um trabalho efetivo, menos vulnerável ao insucesso.

Ao recordar essas questões, estou me referindo indiretamente a textos que se dedicaram à antropologia e à história da infância e que nos ajudaram a compreender situações, autores e obras específicas que demonstraram que o tema dos problemas escolares tem também por trás de si a história das "falas de ciência" que se dedicaram a explicar por que alguns aprendem e outros não.

O histórico de tais explicações, que em alguns casos geraram verdadeiras escolas de pensamento, traz também em seu bojo o grande acúmulo de ideias que foram mobilizadas para questionar a permanência das "crianças que não aprendem" dentro da escola.

Este texto quer recuperar algumas questões relacionadas às dificuldades na aprendizagem escolar sem fazer deste trabalho uma resenha de obras que trataram do assunto ou uma retomada de clássicos que marcaram os debates nacionais e internacionais a respeito. No momento oportuno, algumas referências serão indicadas como recomendação de leitura para o aprofundamento de tudo o que vai ser apresentado aqui.

O leitor tem diante de si um texto concebido para dialogar diretamente com o professor, procurando escapar por um pouco da tradicional redação acadêmica que se apresenta necessariamente revestida de citações e sempre amparada no empréstimo de autoridade intelectual que os autores citados oferecem aos nossos argumentos.

O que está em questão aqui é simplesmente trazer novamente ao cenário o tema do "aluno-problema" quando esse adjetivo — problema — se associa à "dificuldade de aprender" e à "dificuldade de ensinar".

Porém, como isso corresponde a um universo amplíssimo que se desdobra em temas e subtemas conexos, essas supostas dificuldades para aprender e ensinar serão, aqui, objeto de reflexão específica, atenta a alguns desafios revelados na experiência de aprender "simultaneamente" com outros.

É porque configuramos uma sociedade intensamente comparativa e concorrencial que este escrito refere-se ao campo da ética e retoma aspectos do uso da palavra inclusão.

Trata-se daquilo que nos ambientes acadêmicos habitualmente chamamos de recorte.

Vou recortar meu campo de abordagem neste livro de modo a tratar do chamado aluno-problema dentro de situações em que a pobreza e os ambientes urbanos socialmente vulneráveis são tratados como referências para "explicar" a "impossibilidade de ensinar e de aprender" em razão das circunstâncias.

A questão do aluno-problema quando associado às deficiências físicas e intelectuais, temas fundamentais nos debates sobre inclusão, será abordada de forma relacionada ao tema pobreza urbana.

Quero convidar o professor, aquele que é frequentemente responsabilizado pelos déficits de aprendizagem dos alunos, mas que é também um dos sujeitos sociais que mais se apropriam dos diagnósticos que elucidam as causas do insucesso, a refletir comigo sobre questões que podem nos ajudar a identificar alguns aspectos presentes em nosso modo de viver e que atuam decisivamente na fixação dessa imagem social que faz de crianças e adolescentes pobres de locais pobres, os alunos-problema, muitas vezes considerados como "aquilo atrapalha a escola".

Quero convidá-los a enfrentar esse tema com um livro despido da liturgia dos textos acadêmicos.

Os trabalhos acadêmicos nos últimos anos têm aprofundado significativamente a compreensão a respeito de muitos problemas relacionados à infância como um todo e à escolarização em particular. Mas, apesar do acúmulo de conhecimento produzido, notoriamente o mundo universitário tem enfrentado dificuldades expressivas para misturar-se com a realidade viva da educação que efervesce nas escolas, especialmente nas escolas públicas.

Nos últimos anos, como pesquisador, tive e tenho a rica oportunidade de "mergulhar" no cotidiano de escolas e creches públicas, especialmente aquelas que estão localizadas nas grandes periferias metropolitanas. Tenho orientandos que praticamente "moram" nessas instituições enquanto fazem trabalho de campo para suas teses.

Se o trânsito por tais instituições se dá em decorrência das investigações que faço no âmbito da antropologia da infância, a permanência nesses espaços e a interlocução com os protagonistas de suas tramas diárias demonstram o aumento preocupante da distância entre universidade e cidade.

Essa distância faz com que o universo da educação pública muitas vezes abrigue a certeza de que não conta com a possibilidade de manter interlocução direta com pesquisadores. Estes são alienígenas que de vez em quando aparecem na escola pública.

Quando adentramos a escola pública, percebemos a densidade e a intensidade de alguns problemas cuja persistência nos faz pensar em temas que estão tatuados na pele da escola.

Mostro um exemplo disso que é essencial para a argumentação presente neste livro. No dia a dia da educação pública, chama atenção a quantidade de vezes nas quais o insucesso escolar é explicado com exemplos que "definem" o problema dos alunos pesquisados como expressão do adoecimento. Esse adoecimento aparece associado ao corpo, à mente e, quase sempre, ao ambiente com o qual a escola convive.

Quando se está no coração da escola pública, percebe-se com clareza que a reflexão sobre os problemas dos que não aprendem demanda, necessariamente, romper as fronteiras que estão demarcadas entre os temas educação e saúde e trabalhar para que nossas dúvidas a respeito das integridades física, intelectual, moral e emocional de crianças e adolescentes sejam abordadas sem reduzir a educação ao adestramento do intelecto e a saúde à busca da cura para os males do corpo.

São incontáveis os momentos nos quais professores, gestores, pais e mães fazem a aproximação entre educação e saúde para elaborar, com os recursos argumentativos que têm, os diagnósticos da não aprendizagem e os prognósticos sobre o futuro do aluno-problema.

Essa constatação torna necessário prestar atenção aos sentidos que as palavras educação e saúde vão adquirindo cotidianamente à medida que são usadas recorrentemente na escola, toda vez que alguém se dispõe a explicar as origens do insucesso. No devido momento ficará claro por que o tema da ética se apresentou, aqui, como "necessário".

Se o dia a dia produz com abundância explicações sobre as origens do insucesso, vou procurar, para organizar inicialmente minha argumentação, estabelecer aquilo que considero ser decisivo na definição das origens de alguns problemas específicos. Vou começar com uma reflexão sobre a forma que justapõe crianças e adolescentes como alunos.

Da importância de compreender tempos e formas sociais

No nosso universo educacional, criança e infância são palavras tão necessárias quanto é o oxigênio na nossa respiração. Se não se respira sem oxigênio, igualmente não se entende a consolidação da educação na forma escolar sem as palavras criança e infância, muito embora a escola não se refira somente às crianças e não se restrinja exclusivamente à infância.

Porém, não são poucos os documentos educacionais, os textos oficiais, as diretrizes pedagógicas e, principalmente, as falas do cotidiano escolar que demonstram a utilização das palavras criança e infância como se fossem sinônimas.

As situações em que ocorre tal equiparação de significados geram exemplos ricos do quanto a apropriação das palavras é influenciada pela forma como a vida social proporciona permanente comparação entre pessoas e situações.

Uma porta de escola, um pátio escolar, uma sala de professores são ambientes de grande riqueza antropológica que nos levam a perceber situações de partilha de sentidos e de assimilação de significados entre pares. Partilhar sentidos e assimilar significados não corresponde a simplesmente aprender a verdade sobre qualquer assunto.

Pensemos isso tendo em mente o cotidiano escolar, especialmente aquelas situações em que o professor é convocado a aprender como tornar-se um melhor professor.

As situações nas quais são apresentadas propostas de inovação nas práticas de ensino, e que usualmente repartem entre professores fragmentos da obra de grandes referências da psicologia, da pedagogia, da linguística etc. em reuniões para formação complementar de educadores, são situações muito especiais.

Nem sempre a dinâmica possível para oferecer formação complementar ao professor consegue interromper a circulação dos saberes acumulados única e exclusivamente na experiência que as pessoas têm lidando com crianças. Ou seja, muitas vezes se tem a impressão de que das crianças "se sabe" somente porque são sempre intensamente observadas.

É comum referir-se ao corpo de uma criança tomando por base o corpo de outra, identificando, na comparação, uma espécie de ritmo natural da história desse corpo: "nessa idade meu menino já andava, o seu ainda engatinha?" Olha-se para um corpo e se enxerga "a infância", representando um tempo que se mostra pelo corpo.

Não é muito difícil encontrar situações corriqueiras nas quais a vida cotidiana parece nos autorizar a emitir opiniões com base na convicção que adquirimos de que a nossa experiência de tempo pode ser demonstrada com exemplos da história do corpo. Há pouco tempo ouvi: "antes era diferente (...) hoje em dia parece que as crianças nascem mais espertas!"

Da metade do século XIX em diante e crescentemente no século XX, fomos participantes de um processo que foi projetando o conhecimento sobre o corpo da criança como se fosse o conhecimento sobre os tempos da vida. Quem acompanha, por exemplo, a história da pediatria percebe isso com clareza.

Participamos da progressiva consolidação das imagens que projetaram as mudanças no corpo da criança como se isso devesse corresponder à narrativa do "desenvolvimento" que deve ocorrer em cada corpo, em todos os corpos.

Convém explicar: participamos de um processo que nos convenceu muitas vezes de que a infância é a própria história do corpo, ou seja, infância seria simplesmente o conjunto de transformações presentes no crescimento. Seria, simplesmente, o período de modificações previsíveis no corpo da criança em direção à adolescência e, depois, em direção à vida adulta. Infância nos parece ser simplesmente a crônica das mudanças de tamanho.

No caso das meninas, seria como se a infância correspondesse à história do corpo desde o nascimento até o evento da menstruação. No caso dos meninos, a história da infância acabaria igualmente na puberdade. Parece então que infância é algo já escrito no código genético das pessoas.

Infância, então, muitas vezes, torna-se uma palavra cujo sentido se compreende olhando para os detalhes do corpo, observando modificações na forma, querendo, assim, explicar as alterações de comportamento.

Se isso tem evidentemente algo de verdadeiro, sem dúvida tem também algo de insuficiente, muito insuficiente.

É necessário certo distanciamento em relação à experiência cotidiana que temos com as crianças para que possamos compreender com mais clareza uma distinção fundamental para os objetivos da reflexão presente neste livro.

Essa distinção pode ser, inicialmente, indicada nos seguintes termos: a palavra criança diz respeito aos tempos do corpo. Seja o corpo feto, o corpo pequeno, o corpo crescendo, o corpo adolescendo, enfim, podemos associar a palavra criança à nossa percepção dos tempos do corpo.

Pausa para um lembrete importante: uma questão sempre presente nos estudos antropológicos diz respeito àquilo que se diz do corpo, aquilo que se ensina sobre ele, aquilo que se defende como correto ou incorreto. A narrativa que descreve muitas vezes ocupa o lugar do objeto que é descrito e passamos a nos entender muito mais com a aparência do que com a essência. Isso vale também para nós que estudamos criança e infância. Continuemos.

A palavra infância não pode ficar trancada na observação das modificações do corpo pequeno.

A categoria infância precisa ser entendida tendo como referência sua condição de *tempo social*. Ou seja, diz respeito a compreender como se dá, em dada circunstância, a experiência concreta de ser criança com outras crianças.

O tempo do corpo é de cada um, embora seja possível identificar uma quantidade enorme de regularidades que nos permitem reconhecer que aquilo que acontece num corpo, acontece ou acontecerá noutro corpo também, caso algumas particularidades não se manifestem.

O tempo social é da história. A história nos mostra como a vida em comum das crianças, porque crianças, diz respeito à estruturação das sociedades.

Em 1960, o historiador francês Philippe Ariès publicou um livro que contribuiu muito para o aperfeiçoamento simultâneo dos estudos históricos e antropológicos sobre a infância e, ao mesmo tempo, gerou muitas controvérsias a respeito das conclusões apresentadas pelo autor em relação à infância.

Para ele a sociedade europeia, especialmente antes do século XVII, mal percebia a criança em suas particularidades. Infância, a seu ver, era até então um período da vida curto, curtíssimo, reduzido quase ao tempo em que necessariamente a criança dependia da ação do adulto para sobreviver.

No seu modo de entender, a criança de então, assim que ganhava alguma autonomia física se via misturada ao mundo dos adultos, quase sem ser preservada de qualquer aspecto da vida adulta. Considerava que, por ser criança, ninguém era objeto de uma preservação específica que excedesse os cuidados necessários à sobrevivência física.

Crescer e aprender, verbos que nós quase automaticamente associamos a adquirir tempo de vida e tamanho para ir à escola, até o século XVII estavam relacionados ao convívio que as crianças tinham com os mais velhos enquanto cresciam. Para o autor, as crianças aprendiam vendo e ajudando adultos a fazer suas tarefas.

Esse embaralhar dos tempos da vida, a convivência quase permanente entre todas as idades cronológicas, não gerava somente situações de aprendizagem e partilha de conhecimento. Gerava também situações nas quais as crianças presenciavam os atos adultos, atos esses que mais tarde se fixariam como próprios da intimidade, da privacidade e das ações individuais, palavras cujo sentido consolidou-se lentamente a partir do século XVIII.

Trata-se de uma obra que reflete sobre o "sentimento de infância" e que indaga sobre suas origens, seus processos de modificação e de consolidação.

Na forma como argumenta Ariès, aquilo que hoje em dia é tão caro a nós, que é a questão da socialização da criança, antes do século XVII correspondia a um processo que não estava restrito à família.

No seu entender, a noção predominante de família não admitia uma vinculação obrigatória entre gerar e educar. Gerar um filho e responder por sua educação não era um processo natural e previsível, passível de ser identificado em qualquer relacionamento entre pais e filhos. A educação muitas vezes decorria simplesmente do misturar-se com todas as pessoas do local em que se estivesse.

O autor trata de um modelo de família muito mais associado a vínculos de sobrevivência do que a vínculos afetivos.

Porém, a partir dos séculos XVII/XVIII, mudanças muitos significativas aconteceram e, no seu entender, a escola teve papel destacado nesse cenário de transformações. Esse papel destacado foi consequência não tanto do efeito intelectual que a presença dos colégios passou a exercer sobre a vida social, mas, principalmente, porque a escola começava (apenas começava) a separar o tempo dos adultos em relação ao tempo das crianças e a substituir a aprendizagem cotidiana como principal meio de aquisição de conhecimento.

Importante: a escola de então não pode ser comparada com a escola que temos hoje em dia. Disso tratarei mais detidamente logo adiante. Contudo, independentemente dessa diferença de forma, o fato é que, para o autor, a escola proporcionou às crianças tempo próprio e uma forma de aprender não relacionada somente à convivência, mas baseada num aspecto que teria início então e nunca mais se interromperia. Esse aspecto seria o "enclausuramento" das crianças em ambientes próprios para o tempo da escolarização.

É necessário cuidado aqui, pois, insisto, não se pode comparar a escola que esse autor identificava na passagem do século XVII para o século XVIII com a escola que temos hoje em dia.

A importância de se mencionar especificamente essa obra diz respeito mais ao que ela suscitou do que aos seus próprios resultados de pesquisa.

Trata-se de um livro que, mesmo tendo sido contestado em alguns aspectos, chamou a atenção para o "sentimento de infância" como conjunto de atitudes diante da criança que varia conforme a circunstância histórica.

O ALUNO-PROBLEMA

Portanto, independentemente do quanto se possa indagar se as conclusões do autor são aplicáveis a outros lugares que não a França ou do quanto se trata de uma abordagem excessivamente europeia do assunto infância, há que se reconhecer que o lugar em que as crianças permanecem pode ter função decisiva na percepção que temos sobre o tempo de ser criança, ou seja, a percepção que temos sobre a infância, ultrapassando um pouco os limites das transformações do corpo como critério único de verificação do transcorrer da vida.

Transformações ocorridas no âmbito da família, que gradualmente começou a se organizar em torno da criança, coincidem com um processo que muito lentamente permitiu diminuir a mistura de idades tão comum no cotidiano europeu.

Ao início, assegurei ao leitor que não faria deste livro um conjunto de resenhas sobre obras de grande importância que nos ajudaram a melhor compreender a infância. Vou cumprir a promessa.

A referência mais direta ao livro *História social da criança e da família* de Ariès foi necessária, mas vou parar aqui.

Essa necessidade se deve apenas à importância de compartilhar um grande achado presente nessa obra de referência. Esse foi um dos escritos que mais efetivamente ofereceram condições para que o tema criança fosse abordado sem se confundir com o tema infância.

Não é necessário concordar com todos os argumentos do autor para reconhecer que, nos limites das transformações do corpo, não temos possibilidade de abranger a complexidade presente na experiência de ser criança em dadas circunstâncias, com outras crianças.

Torna-se necessário investigar as atitudes sociais em relação a tais mudanças e perceber, com isso, que a separação entre os tempos dos adultos e os tempos da criança (em decorrência da necessidade de preservar a criança e dar-lhe algo "próprio" ao seu tamanho e à sua idade) não é natural, é construção social, é construção histórica.

"Infâncias curtas" ou "infâncias longas" são experiências antes de tudo sociais que dependem de situações concretas que interferem na formação do sentimento de infância presente em cada momento.

Se fosse possível viajar no tempo e voltar alguns séculos, poderíamos verificar a consistência disso que estou afirmando conversando com alguns pais.

Pensemos, nessa viagem imaginária, um pai e uma mãe trabalhando para garantir a sobrevivência.

Nós nos aproximaríamos e perguntaríamos:

— Onde ficam seus filhos enquanto os senhores trabalham?

Provavelmente a pergunta causaria perplexidade. E causaria perplexidade porque nenhuma pergunta faz sentido independentemente do contexto.

Filhos não se separavam dos pais enquanto e porque estes saíam para o trabalho. Trabalhavam juntos, sempre que possível, assim que o tamanho do corpo permitisse.

Os muitos pequenos, os bebês, na maioria das vezes eram vistos como problema a dificultar o trabalho, uma vez que essa condição exigia mais cuidado, cuidado esse muitas vezes delegado às irmãs mais velhas, a parentes ou mesmo a pessoas que recebiam para cuidar dos filhos (cf. Stone, 2000).

Algo tão presente em nossa sociedade como a expectativa de que as crianças e os adolescentes permaneçam na escola enquanto e porque seus pais trabalham precisa ser compreendida dentro da especificidade do nosso modo de viver.

Temos aqui uma chave interpretativa.

Não é possível estabelecer um conceito de infância apropriado a todos os lugares, tempos e circunstâncias. É possível e necessário perguntar pelas origens de "nosso" sentimento de infância e assim, quem sabe, compreender as confusões que fazemos entre os tempos do corpo e os tempos sociais.

Essa é questão central na formação de nossos, enfatizo "nossos", mais consolidados sentimentos de infância: aquilo que pensamos sobre o tempo necessário e adequado para ser plenamente criança está relacionado, muitas vezes, àquilo que pensamos sobre o lugar do "salário" em nosso modo de viver.

Explico.

O salário é antigo. Está presente na história da humanidade há muito tempo e já foi praticado em muitas circunstâncias com grande variação na forma e no conteúdo daquilo que se entendia por salário. Há, na obra de Karl Marx, por exemplo, detalhamento rigoroso do significado do salário para se compreender a essência da sociedade capitalista.

Porém, tratar de tempo social não é simplesmente tratar da vida como reflexo dos fundamentos econômicos, embora não seja possível pensar em tempos sociais sem considerar fundamentos econômicos.

Se o salário é antigo, a noção de sociedade salarial é recente. Trata-se de uma expressão com sentido aprofundado por Michel Aglietta e Anton Bender (1984) e, na sequência, muito bem trabalhada por Robert Castel (2005).

Para pensar na expressão sociedade salarial temos de considerar a formação de realidades industriais, formações capitalistas e na estabilização lenta, mas contínua, do trabalho assalariado como item obrigatório na definição de dois aspectos dessa sociedade: a proteção social e a partilha dos tempos. É dessa partilha a que me refiro e é nisso que quero focar.

A consolidação desse processo, em termos históricos, é recente. Embora os tempos atuais começassem a se projetar nas grandes transformações europeias que se iniciam na primeira metade do século XVI, é a partir do século XIX que nosso mundo vai adquirindo gradualmente a feição que conhecemos hoje.

Não é este o espaço adequado, tampouco é o objetivo deste livro fazer uma história da universalização do capitalismo. A análise que aqui se apresenta também não está aberta a compreensões simplistas que consideram ser suficiente explicar o que é o capitalismo para, em decorrência, justificar os problemas da infância como "reflexo" dessa situação.

O que importa chamar atenção aqui é que nosso sentimento contemporâneo de infância está muito relacionado a uma característica estrutural das sociedades salariais: a divisão geracional dos tempos do trabalho.

Entre tantas características, no processo de consolidação das formas atuais de trabalho, podemos notar a progressiva monopolização do trabalho pago pelas gerações adultas.

Isso não quer dizer, e a realidade nos mostra isso fartamente, que crianças e adolescentes não estejam envolvidos com atividades de trabalho pagas, especialmente aquelas irrisoriamente pagas.

O que é necessário perceber é que mesmo não havendo emprego para todos; mesmo que todos os trabalhos não sejam realizados no âmbito da jornada de trabalho assalariada, nas sociedades salariais o trabalho pago é monopólio dos jovens e adultos e, cada vez mais, o "trabalho" considerado adequado para crianças e adolescentes é a atividade escolar.

As sociedades que ostentam índices amplos de escolarização de crianças e adolescentes são frequentemente apontadas como sociedades desenvolvidas, baseadas no alto nível de empregabi-

O ALUNO-PROBLEMA

lidade da geração adulta e no adequado preparo escolar para que as gerações mais novas se preparem para a posterior vida adulta.

Aliás, a defesa da socialização escolar como forma mais adequada para preparar os processos de socialização típicos da vida adulta é uma das representações mais características das sociedades salariais. Mesmo quando encontramos realidades muitos distintas e achamos situações cotidianas permeadas por vários conflitos, quando representamos um "mundo ideal" dificilmente deixamos de idealizar uma sociedade na qual todas as crianças estão na escola e todos os adultos estão trabalhando plenamente, e plenamente quer dizer: com suficiente remuneração.

O fato é que as sociedades salariais não têm uniformidade nem homogeneidade. Mas elas se formam gradualmente distanciando o trabalho infantil das regras de assalariamento e tornando o emprego objeto de disputa entre jovens e adultos.

A participação de crianças e adolescentes nessa disputa é, no cenário atual, sinal inequívoco de grandes desequilíbrios sociais.

Um documento importantíssimo como é o Estatuto da Criança e do Adolescente, no Brasil, tem, entre outras características, a obrigação de defender a criança das formas indevidas de exploração no âmbito do trabalho. Não se cogita, por exemplo, que adultos trabalhem sem receber, a não ser quando está em questão a ação voluntária. Mas da ação voluntária não se sobrevive. Portanto, "ganhar a vida" é, em nossa sociedade, ganhar salário e esse espaço não pode ser disputado com crianças.

Tornou-se (felizmente) falta gravíssima omitir-se em relação a enviar crianças para a escola, abrangendo essa situação não somente as famílias, mas também autoridades constituídas.

Mas essas situações não são naturais, ou seja, não estão prontas desde todo sempre apenas aguardando as condições adequadas para acontecer.

Tem-se a impressão, muitas vezes, de que a escola tal como a concebemos sempre existiu e que a diferença entre a "nossa escola" e a do passado seria apenas uma diferença entre o arcaico e o moderno, entre o "como se fazia" e o "como fazemos". Não é bem assim.

A constituição das sociedades baseadas no trabalho assalariado sempre foi acompanhada de muitas contradições e conflitos. A configuração dos tempos sociais faz parte tanto das contradições quanto dos conflitos.

Não podemos incorrer no erro de pensar que a história dos homens é primeiramente planejada para depois ser executada. Dependendo da interpretação que é dada, tem-se a impressão de que a ordem capitalista foi pensada por alguns que teriam percebido o que é necessário para que ela se reproduzisse e, assim, tivessem implementado tudo o que fosse preciso para nascer um mundo que os favorecesse.

Nessa situação estaria a escola (sempre considerada necessária para que se tenha mão de obra adequada), o Estado, as leis etc.

O fato é que estamos mergulhados numa sociedade muito complexa, com uma estrutura completamente vulnerável às mais devastadoras injustiças e desigualdades sociais. Compreender o processo que foi tecendo essa tapeçaria permanentemente desumanizadora exige de nossa parte verificar o entrecruzamento de muitos aspectos que, simultaneamente, consolidaram estruturas que passaram a sustentar os lugares econômicos, sociais, políticos etc. que todos ocupam.

Outra tarefa bastante exigente diz respeito a compreender o "trânsito" que as pessoas têm quando rompem fronteiras entre tais "lugares", assim como é igualmente difícil compreender as segregações, os aniquilamentos, as assimetrias de poder, de direitos etc. Ou seja, temos sempre o desafio de compreender como a sociedade é e não é; como se forma e se deforma a todo instante. Mas convém não sonhar com uma fórmula que uma vez aplicada possa explicar tudo exatamente como é.

As crianças e os adolescentes, por obra de muitas lutas, adquiriram o direito à educação e esse direito foi reconhecido como fundamental para defender a criança do trabalho precoce e também de outras formas de exploração e aviltamento.

É necessário, porém, acrescentar a essa constatação um aspecto importante para fundamentar a análise que se apresenta neste livro.

Já afirmei que quanto mais complexa se torna uma sociedade salarial, mais a monopolização do trabalho pago diz respeito às gerações jovens e adultas. Porém, as crianças trabalham e trabalham muito.

Predominantemente o trabalho escolar, que é longo, metódico, sistematizado e intensamente sujeito a rotinas não é reconhecido ou designado como trabalho. Trabalho é o que os professores, diretores, servidores da escola fazem.

Em sociedades como a brasileira, por exemplo, saída da escravidão, o não trabalho ainda se associa muitas vezes aos trabalhos manuais. O mesmo não reconhecimento incide sobre trabalhos considerados domésticos e femininos.

Quando compartilhamos atividades domésticas com nossos filhos, ensinando-os a limpar seus quartos, a recolher o lixo, a cuidar de irmãos mais novos, a pagar contas, enfim, a participar da organização do cotidiano nem sempre nos damos conta de que estamos dividindo ou delegando trabalho. Mas a todas essas tarefas preferimos designar com o repertório de palavras que está associado à educação, à formação, à aquisição de responsabilidade e senso de partilha etc.

Não se trata aqui de denunciar essas nossas práticas como equivocadas. Ao contrário, parece-me bastante adequado perceber que o cotidiano é feito, salvo exceções, da partilha de ações envolvendo todas as gerações.

O que quero argumentar é que dificilmente percebemos que demarcamos um grande território de consenso no qual circulam imagens do tempo social da "adultez", obrigatoriamente associado aos lugares de permanência para trabalhar.[1]

O que é nosso, essencialmente nosso, ou seja, que nenhum homem ou mulher de outra quadra histórica que não a nossa reconheceria como "normal", é a identificação cada vez mais universal de que a infância é um tempo que transcorre na maior parte do dia num paralelo aos tempos da adultez e esse tempo paralelo deve ser vivido predominantemente dentro da escola.

Essa experiência é simbolicamente fundamental para o próprio senso de equilíbrio da nossa sociedade, uma vez que produzimos abundantemente imagens da desagregação social quando nos referimos à permanência da criança "fora" dessas unidades de tempo, nas ruas, por exemplo. Aquilo que a nossa sociedade afirma ser seu ponto de equilíbrio não é, necessariamente, expressão de harmonia.

Se quiséssemos pensar como pensou Philippe Ariès, poderíamos perguntar a nós mesmos: qual o sentimento de infância que predomina em nossa sociedade salarial e o quanto esse sentimento está relacionado às representações do tempo que se passa dentro da escola?

Isso não se responde com uma palavra ou com uma frase.

---

1. O desempregado é constantemente representado como homem que permanece num lugar indevido. Está em casa, quando deveria estar trabalhando; está vagando, quando deveria estar produzindo, quer dizer, não está onde deveria.

O ALUNO-PROBLEMA

É necessário abordar rapidamente a noção de "forma escolar" para que nossa percepção a respeito da infância como tempo social consiga abranger, ainda que sucintamente, as particularidades de nosso modo de viver que "prendeu" esse tempo dentro da escola.

Trago ao texto a memória de uma aula preparada especialmente para discutir com alunos do Curso de Pedagogia o complexo conceito de forma escolar.

Essa aula começava com uma reflexão:

Se nas sociedades salariais a divisão dos tempos sociais separa gerações na maior parte do dia, porque a educação escolar custou (e custa) tanto a se universalizar?[2]

Quando procurávamos pela resposta no debate posto em sala de aula, tornava-se mais uma vez necessário enfatizar: a história não é primeiramente planejada e depois executada.

Assim, lembrávamos que as sociedades salariais se multiplicaram sem espalhar de maneira uniforme aquilo que faz parte das suas principais características.

O que essa lembrança queria mostrar?

Que em muitas situações, a disseminação das práticas de assalariamento se deu justamente porque foi possível inibir o

---

2. Aqui é necessário fazer um esclarecimento. Quando se pensa na separação entre gerações, isso não quer dizer que nas sociedades salariais os adultos não convivem com crianças. Ao contrário, ocorre intenso convívio. O que é peculiar nessa sociedade é a separação entre os tempos dos pais em relação ao tempo dos seus filhos, que na condição de crianças não participam estruturalmente da produção do sustento. A participação da criança na produção da existência familiar ocorre constantemente, mas esse aspecto decorre de uma característica sombria das sociedades salariais: muitos simplesmente ficam fora. Por isso, muitas vezes os parâmetros que se estabilizam para explicar o "correto" trabalhador, a "exemplar" família etc., deixam de considerar a vida cotidiana, tal como ela é vivida por muitos. Para além disso, especialmente as atividades rurais e comerciais conservam números expressivos de participação de crianças.

crescimento econômico de outros locais que permaneciam circunscritos a processos rudimentares de trabalho.

Essa coexistência entre diferentes situações econômicas ocorreu e ocorre entre países, entre regiões de um mesmo país, entre espaços de uma mesma cidade, entre ruas de um mesmo bairro. Tudo permanece, simultaneamente, em estado de conexão e de preterição.

Assim, muitas vezes dentro de uma mesma sociedade temos grandes segmentos de população lutando para participar de processos mais elaborados e mais bem pagos de trabalho. Querendo simplesmente transitar do mais precário para o menos precário.

As sociedades salariais podem produzir grandes avanços tecnológicos e muita riqueza sem que isso represente necessariamente produzir bem-estar social.

Portanto, não é um pré-requisito para que as sociedades acentuem práticas de assalariamento que primeiramente todos os adultos estejam empregados e que todas as crianças estejam estudando na escola. Trata-se de uma realidade que se faz a caminho e com a permanente produção de contradições. Mesmo assim as sociedades salariais intensificam a identificação do tempo social infância como um tempo necessário de escolarização.

As sociedades salariais se tornam, a despeito dessas contradições que são estruturais, sociedades escolares, e o mais complicado de se entender é que sociedades escolares não são, necessariamente, sociedades em que todos estudam ou sociedades em que todos têm a mesma qualidade de ensino.

Quando me refiro à sociedade como sociedade escolar, tenho em mente aquilo que Vincent, Lahire e Thin (1994) escreveram sobre a generalização da alfabetização.

A generalização da alfabetização como processo histórico é mais do que o aumento progressivo no número de pessoas que adquiriram domínio sobre a leitura e a escrita.

Essa generalização significou e significa reduzir as muitas faces da educação à forma escolar. Ou seja, a realidade que temos hoje foi se formando ao mesmo tempo que codificou o mundo da leitura e da escrita em práticas de aprendizagem simultânea do mesmo conteúdo, práticas essas necessariamente realizadas num lugar com um tempo próprio, específico para isso: a escola.

Quero insistir num aspecto singular dessa questão aproveitando elementos teorizados pelos autores citados, mas também não quero perder a oportunidade de utilizar a ideia de forma escolar de maneira mais ampla.

São escolares as sociedades cujo tempo infância participa da estruturação de todos os outros tempos sociais permanecendo como trabalho não pago, desenvolvido em rituais sincronizados de ação simultânea num lugar que, por ser o local exclusivo para essa finalidade, passa a ser o próprio tempo de ser criança. Tempo e lugar se fundem. Escolarização torna-se uma "fase da vida".

As sociedades salariais foram as primeiras experiências históricas que necessitaram generalizar a educação e a escola tornou-se o meio para que isso fosse possível. E o cerne desse processo está nos rituais de sincronia.

Compreender como se passou a ensinar a muitos, ao mesmo tempo, no mesmo lugar, com o mesmo ritmo, os mesmos conteúdos, para chegar aos mesmos objetivos é compreender como a educação tornou-se escolar. Esse sentido de escolar, porque baseado nessa simultaneidade e nessa sincronia de ações, faz com que nossa noção de escola não seja simplesmente a evolução daquilo que se praticava no passado remoto.

A questão central a destacar da riqueza presente no conceito de forma escolar é a simultaneidade pelo qual possivelmente uma série de atributos que reconhecemos nos alunos-problema sequer existiriam sem os cenários de simultaneidade que caracterizam as sociedades escolares.

Nessa altura não causaria espanto a ninguém se alguém se referisse à nossa sociedade como a sociedade da simultaneidade. Isso tem muito a ver com a forma escolar que a educação adquiriu.

Mas me referia à aula preparada para discutir essa questão com alunos do curso de Pedagogia.

Para tornar mais acessível a análise que estava em andamento, a aula prosseguiu com um exemplo retirado do mundo da animação.

Em 1960, William Hanna e Joseph Barbera criaram o desenho animado "Os Flintstones".

Pode parecer brincadeira, mas alguns episódios da série de grande sucesso e que ainda permanece sendo exibida oferecem situações exemplares que permitem desvendar um pouco do nosso próprio modo de pensar.

Num dos episódios Fred Flintstones dança com sua esposa Wilma. A música é acionada por seu vizinho Barney Rubble que assiste à cena na companhia de sua esposa Beth.

O "aparelho de som" é um cubo de pedra, sobre o qual gira um disco também de pedra. Um pássaro amarrado pelos pés faz o papel da agulha sonora, tocando com seu bico o disco girando. Aliás, o que Barney Rubble faz para ligar a música é movimentar o pássaro em direção ao disco.

O alto-falante ou a "caixa de som" é um grande chifre que faz a música espalhar-se pela sala.

Após essa exibição de dança de salão, ambos os homens se despedem de suas esposas e usam o mesmo automóvel para chegar ao trabalho. A profissão de Fred é semelhante àquela que chamaríamos hoje de empilhador.

Sua "empilhadeira" é um dinossauro que é manobrado de uma "cabine" instalada no pescoço do gigantesco animal. No intervalo de sua atividade, Fred "telefona" usando um pequeno chifre para falar e ouvir.

É bastante curioso e divertido observar que a "Idade da Pedra" retratada no desenho de animação é projetada com os mesmos apetrechos de nossa sociedade.

Esses apetrechos, que têm a mesma finalidade e produzem os mesmos efeitos, porém, aparecem na "versão primitiva" daquilo que temos nos dias de hoje.

Se temos foguetes, eles também o tinham. Só que "naquele tempo" o foguete era um pássaro, que em nossas aulas de hoje chamaríamos de pré-histórico.

Se temos furadeiras eles também as tinham. Porém, um pássaro de pequeno porte, com seu bico retorcido, era utilizado para furar paredes para fixar quadros, porque, afinal de contas, eles também decoravam suas casas como nós, tal como nós, só que em versão primitiva, por assim dizer, rústica.

Parece brincadeira, mas não é.

A forma como nos referimos à educação escolar muitas vezes parece desconsiderar a história, principalmente, os processos históricos que consolidaram a educação na forma escolar.

Tem-se a impressão de que a escola sempre existiu e que a diferença entre nós e o passado é uma diferença "evolutiva", do primitivo para o tecnologicamente elaborado; do arcaico para o moderno.

Procuramos pelas versões passadas do professor, da sala de aula, dos cadernos etc., como se cada um desses exemplos já existisse desde todo o sempre, aguardando apenas a situação na qual pudesse existir tal como conhecemos.

Dessa maneira, se fosse assim, a intenção de escolarizar estaria posta em todo ato educacional independentemente de tempo e lugar, e a possibilidade concreta de realizar a educação dependeria da variação de apetrechos.

O trabalho do professor é continuamente abordado com base na premissa de que seu modo de ensinar está desatualizado em relação ao seu próprio tempo, em relação àquilo que se considera mais "adiantado" no momento. Talvez como se fosse necessário o tempo todo mudar-se da casa dos Flintstones para uma casa mais atual.

O trabalho docente com crianças e adolescentes é tratado muitas vezes com palavras que representam o fazer professoral como busca permanente do domínio sobre apetrechos.

Em parte, esse modo de pensar se deve à impressão de que a escola sempre significou a mesma coisa, independentemente do contexto.

Nós podemos encontrar exemplos antiquíssimos de educação; formas as mais variadas de transmissão de conhecimento, assim como podemos encontrar referências as mais antigas e variadas à palavra escola.

Se é possível identificar nas mais variadas experiências históricas a utilização das palavras educação e escola, há que se ter em mente que a educação na forma escolar é uma realidade específica, com significados próprios, diretamente relacionada àquilo que nosso mundo se tornou.

Nosso mundo se tornou uma realidade diante da qual não é mais possível deixar de mencionar que reduzimos a educação à forma escolar e que a educação tornou-se "prisioneira da forma escolar", para usar mais uma expressão cunhada por Vincent, Lahire e Thin (1994).

Podemos pensar com David Hamilton (2001) sobre as origens dos termos classe e currículo, bem como dos primórdios da escolarização moderna.

Percebe-se que em relação às práticas escolares é possível identificar pontos de partida, atos inaugurais, acumulação de experiências, repetição e aperfeiçoamento de gestos que vêm de origens diversas e tempos mais distantes.

O que é fundamental perceber é que, à medida que as sociedades salariais vão adquirindo a configuração que assumiram a contar da passagem dos séculos XVII para o XVIII, mas especialmente a partir da segunda metade do século XIX e, principalmente, no transcorrer do século XX, sem que nada fosse reinventado, tudo vai se tornando gradativamente novo.

Explico: a escola do final do século XIX e início do século XX não inventa personagens radicalmente diferentes como professor, aluno, dirigentes etc. Tampouco mobiliários, cadernos, leituras e escritas são tirados do nada para passar a existir. Currículo já era uma noção bastante estabilizada.

Porém, cada um desses "ingredientes" necessários para que uma escola seja identificada como escola, adquire uma forma especial decorrente da situação que conectava cada uma dessas partes a uma intenção nova: educar simultaneamente grandes contingentes populacionais no mesmo lugar.

O que acontece então com o trabalho docente, com as técnicas, com o corpo do aluno, com a configuração do tempo, com a precisão instrumental, com os saberes reconhecidos é uma profunda impregnação da forma que a educação adquire porque praticada simultaneamente, no mesmo lugar, com a mesma contagem de tempo, com os mesmos objetivos, voltada para os mesmos fins e, principalmente, baseada nas estratégias de agrupamentos considerados homogêneos para que o trabalho do professor possa ensinar a muitos, no mesmo ritmo, o mesmo conteúdo.

Os autores Vincent, Lahire e Thin, citados anteriormente, nos ensinaram a reconhecer que a construção da forma escolar foi decisiva para que tivéssemos uma nova relação tanto com a infância quanto com a ideia de socializar.

A criança passa a ser vista com um ser social específico que se faz na ação também específica da educação. É na escola que essa especificidade torna a infância uma categoria etária que se divide em novas fases.

Essa é a forma que a educação adquire em sociedades salariais que paulatinamente se impregnam da intenção de escolarizar as crianças na infância e buscam uma racionalidade própria e necessária para os trabalhos educativos que exigem simultaneidade.

A simultaneidade de propósitos, a unificação dos gestos professorais em razão do tempo gasto com todos simultaneamente, a conexão entre materiais e os propósitos da aprendizagem dada no mesmo lugar (a sala de aula) e a ordenação das progressões que gradualmente misturarão os tempos da vida (idade cronológica) com os tempos da progressão (equivalência entre idade e série, por exemplo) serão os aspectos essenciais para que se possa entender como a educação (que é muito mais que escolarização), ao se tornar prisioneira da forma escolar em nossa sociedade, nos traz problemas éticos diante das crianças e dos adolescentes.

Simultâneo, mas nem sempre ao mesmo tempo

As sociedades salariais baseiam-se não somente em relações econômicas, mas também em formas de socialização típicas e nas formas que o tempo adquire quando apropriado por lógicas institucionais.

O tempo escolar, por exemplo, diz respeito não somente a conjunto de horas experimentado dentro da escola.

Diz respeito ao ritmo que as palavras ganham quando trabalhadas em situações de simultaneidade; ao espaço que se adapta para que o ensino possa ser praticado junto a grande número de crianças e adolescentes; à velocidade de realização de tarefas coletivas, avaliadas individualmente, mas organizadas conforme um programa para a classe, nunca para cada um em particular.

A escola, nessas circunstâncias históricas, é obra daquilo que as sociedades salariais têm de muito particularmente seu: a generalização da educação massificada e a multiplicação de profissões relacionadas exclusivamente à infância.

O trabalho docente se dá em circunstância em que o tempo não está solto e as tarefas não estão aguardando programação.

A novidade, a partir da segunda metade do século XIX, não estava nas partes, mas no todo concatenado.

Embora nada estivesse rigorosamente sendo inventado, ler, escrever e aprender, de uma forma geral, adquiriam nova face justamente porque a concatenação necessária para que o trabalho se tornasse escolar, ou seja, no mesmo lugar, com o mesmo programa de ação e com o mesmo exato tempo para o desempenho individual, fazia da forma escolar a nova forma dos conteúdos.

O fator tempo torna-se elemento decisivo na educação de massas e a escola tornou-se a estratégia multiplicadora para que nós todos pudéssemos, então, supor, tal como supomos ainda hoje, que as crianças estão no mesmo lugar aprendendo o mesmo conteúdo ao mesmo tempo.

As experiências de seriação foram decisivas para que a contagem dos anos de vida se confundisse com a progressão escolar. E a especificidade da escola consolidou-se porque ela adquiriu algo particularmente seu, só seu, que se torna característico de toda e qualquer escola, pública ou privada, bem apetrechada ou totalmente desprovida de aparatos instrumentais.

O saber ensinado em escolas está sempre guardado em disciplinas escolares.

Dentro das fronteiras das disciplinas, que se parecem com territórios de conhecimento, governados por pessoas que conhecem conteúdos específicos, o saber escolar é ensinado progressivamente supondo que todos partem do mesmo ponto de entendimento. Todo o trabalho é organizado com base em estratégias pensadas para fazer com que a classe atinja o mesmo ponto de passagem para a etapa seguinte.[1]

---

1. A história das experiências de seriação, de divisão do tempo em ciclos, de organização da progressão em módulos é também a história do quanto esse "pon-

A base material de realização do trabalho escolar pode variar, mas sua essência não. Podemos encontrar prédios suntuosos ou precários, mas independentemente dessa variação a escola continua sendo um local para onde as crianças se deslocam com o único objetivo de realizar aquilo que é da natureza do saber escolar.

A cultura material escolar estabilizou-se de tal forma que a maior parte dos debates sobre qualidade do ensino tornou-se variação do tema eficiência. Ou seja, somos capazes de perceber com facilidade a variação entre escolas considerando a presença ou ausência material de itens estruturais e operacionais para o ensino e a aprendizagem.

Aliás, no atual contexto, as redes privadas de ensino investem quantias consideráveis para dar publicidade aos métodos que têm ou os apetrechos que estão disponíveis aos alunos.

Porém, a despeito da enorme variação que ocorre na dinâmica e nas condições de realização do trabalho escolar, podendo ocorrer o mais precário e o mais sofisticado a poucos metros de distância, o que me importa salientar é o dado invariável presente em toda educação das sociedades salariais: é o trabalho escolar que tem a primazia para a organização dos saberes que são transpostos do mundo social para o mundo específico dos cadernos, letras, professores, currículos, prédios etc.

É importante frisar: percebemos variações de padrão, não de forma. Assistimos a muitas lutas ideológicas questionando padrões de escola, não a educação na forma escolar.

Pode-se discutir qual currículo, mas não se discute que há currículo. Pode-se debater qual professor, mas não há escola sem

---

to de passagem" para a etapa seguinte é revelador das contradições presentes nos jogos de simultaneidade.

professor. Pode-se escrever no mais tosco pedaço de papel ou com os leves toques do *tablet*, mas é a codificação da cultura expressa nas formas escriturais que flui de cada ponta de lápis ou em cada *laptop*.

Por isso, o aspecto invariável da educação na forma escolar é a própria forma que a educação adquiriu ao configurar e ser configurada nas sociedades salariais.

Numa classe todos devem escrever. Alguns escrevem bem, outros não. Talvez alguns nem sequer consigam. Mas quando justapostos têm de fazer o mesmo trabalho, no mesmo ritmo, com os mesmos objetivos e sujeitos ao mesmo instrumento de verificação.

Os jogos de simultaneidade são também jogos de comparação.

Na história social da infância, o tempo passado dentro desse cenário — a sala de aula — converteu-se em experiência decisiva na organização afetiva, intelectual e social da criança contemporânea.

As primeiras experiências de massificação da educação escolar a estratégias de seriação do ensino mostraram-se bastante eficazes para a racionalização do tempo e do espaço na estrutura da escola.

Porém, o enclausuramento de crianças e adolescentes naquilo que há de próprio do trabalho escolar não desconecta cada qual de sua realidade social, de modo que os jogos de comparação internos à realidade escolar quando desconsideram essas conexões podem muitas vezes suscitar a impressão simplista de que, comparativamente, uns são melhores, outros piores.

Essas situações habitualmente comparam a criança e o adolescente em relação aos demais alunos e cada um em relação ao conteúdo estruturado na forma disciplinar da escola.

A história da disseminação da educação escolar não pode ser contida apenas na história da seriação da progressão escolar, mesmo porque inúmeras alternativas à seriação foram (e são) frequentemente implementadas.

Mas já as primeiras experiências de seriação do final do século XIX revelaram que a educação escolar trazia dentro de si o fantasma da reprovação (Carvalho, 2003).

O quanto a reprovação tem a ver com a forma que a educação adquire na escola é uma questão que ainda exige amplo esforço analítico de nós educadores e daqueles que formulam políticas públicas.

Mesmo que ainda não tenhamos todas as respostas, já sabemos que a reprovação e o insucesso não estão relacionados única e exclusivamente ao mundo interior da escola e que, muitas vezes, aspectos externos são mais decisivos que os internos.

Todavia, como apresentado ao início, muito do que se discute sobre inclusão e ética hoje em dia diz respeito ao histórico de lutas voltadas a abrir espaço para todas as crianças no mesmo cenário: a sala de aula. Isso quer dizer: conduzir a todos às mesmas liturgias comparativas das classes escolares.

À medida que a educação na forma escolar tornou a sala de aula a sua unidade de produção do trabalho educativo, é necessário perceber que muitas vezes o insucesso está mais associado à forma do que ao complexo jogo de verificações sobre capacidades e incapacidades. O padrão pode ou não acentuar o que há de mais excludente na forma.

A socialização escolar tornou-se base de uma socialização democrática, baseada em regras impessoais e projetada (pelo menos desde a Revolução Francesa no final do século XVIII) para todos.

Porém, não são poucos os momentos nos quais os atores envolvidos com a trama do ensinar e do aprender expressam dúvidas sobre a plausibilidade da inclusão de todas as crianças e adolescentes nesse cenário.

Especialmente no Brasil, ao mesmo tempo que se debateu a extensão da escola a todos também se produziu uma história social da infância na qual nossa sociedade se eximia da responsabilidade de educar expressiva parte da população quando classificada como "anormal", como "delinquente", como "doente", como "inferior" e, muitas vezes, simplesmente como "pobre".

Ou seja, a forma social aluno também é construção histórica. Embora o processo de configuração de nossa sociedade como uma sociedade salarial não pudesse prescindir do tempo escolar, as marcas da desigualdade sempre renovaram a dúvida que atravessa a história de nosso país a respeito do que significa para nós afirmar que a escola é para todos. O que tem significado a palavra "todos", no Brasil?

Ao mesmo tempo que a escola é tratada como se fosse remédio para todos os males, reiteramos comportamentos que estão presentes desde o início do século XX e que, muitas vezes, projetam a escola como se ela não fosse construção histórica.

Projetamos imagens da escola como instituição pronta desde todo o sempre, "evoluindo" na constante troca de apetrechos do mundo social. Temos dificuldade em perceber que em dada circunstância a educação se reduz à forma escolar para expandir-se, e se expande verdadeiramente, mas numa forma que conserva uma dificuldade estrutural em ambientar as diferenças e os "diferentes", pois suas unidades internas de tempo são prontas para a uniformidade.

Mas o que produz os diferentes? Diferentes em quê?

Diferentes principalmente em relação ao ritmo concatenado que os jogos de simultaneidade imprimem ao tempo escolar.

O ALUNO-PROBLEMA

E por que o ritmo concatenado desses jogos faz com que as representações do diferente em relação à homogeneidade sonhada para a sala de aula projetem continuamente imagens da criança pobre, como se nos referíssemos a alguém que luta contra si para adaptar-se à escola?

Somos pessoas de uma circunstância histórica que facilmente considera a forma escolar como a última e a mais perfeita forma que a educação adquiriu. Mais ainda, interpretamos a escola como realidade inamovível necessitada de bons apetrechos para realizar seus fins.

Consideramos os fins da educação já definidos nos limites da aquisição de conteúdos justapostos e progressivamente ensinados sob o governo dos professores.

Diante de tais fins, deparamo-nos constantemente com os fantasmas dos objetivos não atingidos e com situações cronicamente conflituosas. Procuramos, então, por novos padrões.

Pensamos: "a escola é".

Perguntamos: "por que nem todos aprendem?"

Eis o cerne da questão para quem quer debater ainda que rapidamente os temas inclusão e ética. O que fazer com quem não se adapta? O que fazer com quem não aprende?

Rápida e às vezes ansiosamente procuramos por novos padrões. Porém, poucas vezes nos dedicamos a pensar na forma.

Proponho que retomemos alguns exemplos históricos com os quais podemos perceber como nossa sociedade já reagiu à presença daqueles que são considerados elementos desestabilizadores do ritmo do trabalho escolar.

A história social da educação, especialmente no Brasil, foi também a história da escolarização de corpos considerados "sãos"; de inteligências consideradas "aptas" e de comportamentos considerados "adequados". Foi também a história das guerras de representações em que assistíamos ao empenho de muitos para que corpos não sãos, inteligências não aptas e comportamentos inadequados não fizessem parte do enredo dessa trama.

Retomo a pergunta apresentada um pouco antes: o que tem significado a palavra "todos" entre nós?

A educação na forma escolar diz respeito aos tempos sociais nas sociedades salariais. Sociedades salariais têm profundos desequilíbrios nos processos de partição do bem-estar social.

Por isso, quero propositadamente conceder maior visibilidade ao tema do aluno pobre no âmbito da questão que está presente neste livro. Poderíamos tratar do tema inclusão abordando, por exemplo, exclusivamente as chamadas deficiências físicas e intelectuais.

Mas o que está em questão aqui é discutir como nossas considerações sobre "quem deve entrar e quem deve sair" são muitas vezes marcadas pela forma que a educação adquiriu e que, por isso, muitas vezes estamos nos referindo a problemas que não são pessoais simplesmente, mas estruturais.

A desvantagem física ganha dimensão especial quando somada à desvantagem social.

Vantagens e desvantagens são também relações sociais que se projetam no encontro e no convívio entre pessoas concretas. No reino da simultaneidade obrigatória, que é o reino do trabalho escolar, a história de cada um se confronta com a unificação dos tempos e em tais situações, supostamente, as desvantagens devem "sumir" para que o trabalho escolar se realize.

Mas se as dificuldades dizem respeito às condições materiais de vida, como essa constatação deveria influenciar nossa avaliação a respeito das dificuldades de adaptação ao ritmo da escola?

Os chamados problemas de adaptação à realidade escolar não se explicam exclusivamente abordando as estratificações sociais de nossa sociedade. Se é comum encontrar manifestações que atribuem às camadas populares dificuldades no desempenho escolar, baseadas na premissa de que pobres têm dificuldades de aprender, temos de rechaçar esse "determinismo" e procurar pelas causas históricas do enraizamento de preconceitos dessa natureza, pois a pobreza não é uma patologia que permita concluir simplesmente: "quem tem, não está apto a..."

As dificuldades em relação à homogeneidade proposta para o cenário da sala de aula se apresentam em todas as camadas sociais. Crianças e adolescentes de todas as camadas sociais têm problemas escolares e experimentam o fracasso escolar de forma intensa e diversificada.

Minha ênfase aqui na criança pobre tem um único objetivo. Explico.

As desvantagens pessoais manifestas no corpo (pensemos a surdez, por exemplo) são, por si sós, problemas significativos em relação ao tempo escolar. A questão que quero enfatizar aqui diz respeito à dimensão que as desvantagens pessoais adquirem quando somadas às desvantagens sociais que muitas crianças e adolescentes experimentam.

Considero importante oferecer ao leitor a oportunidade de refletir como em inúmeras circunstâncias nossa sociedade demonstrou sua disponibilidade a identificar quem não faz parte da sala de aula. Essa identificação do "ausente necessário", inúmeras vezes, associou-se ao pobre, como se esse fosse portador por excelência dos atributos que identificam "quem atrapalha".

Proponho que examinemos isso à luz de alguns exemplos históricos.

Um pouco de história no debate sobre quem fica, quem sai

Se fizermos um balanço, encontraremos a criança pobre em inúmeros momentos, do começo ao fim do século XX, retratada como problema para o bom andamento dos trabalhos escolares.

Já no início do século XX, no Rio de Janeiro, a obra do educador sergipano Manoel Bomfim chamava atenção para o excesso de homogeneização presente na maneira de conceber a sala de aula. Mais do que isso, seu ousado senso crítico parecia intuir que a homogeneidade era uma espécie de mito fundador da sala de aula.

Reclamava da maneira como os testes de inteligência estavam sendo usados; reclamava da adaptação forçada a que as crianças estavam submetidas e acrescentava aos seus lamentos considerações bastante provocativas a respeito do quanto aquele modelo de escolarização em expansão "precisava" da falta de criatividade para existir (Bomfim, 1923, 1928, 1932, 1993, 1996, 1997).

Bomfim foi um dos primeiros a perceber que o adjetivo social começava a ser usado como recurso indireto para se referir a um "adoecimento típico" dos alunos das regiões não centrais da cidade.

Acometidos dos males da chamada situação social em que estavam, eram vistos, segundo ele percebia em muitas falas, como "aqueles que emperram" o andamento dos trabalhos.

O adjetivo "social" já foi usado incontáveis vezes para diagnosticar problemas de aprendizagem em crianças, especialmente aquelas que cresciam e crescem em locais identificados genericamente como subúrbios, periferias ou favelas.

Os problemas de saúde na criança pobre foram somados aos muitos diagnósticos que a escola fez circular sobre o insucesso escolar nos meios populares, para usar a expressão de Lahire (2005) e, muitas vezes, a pobreza em si foi descrita como doença.

Aliás, desde os primeiros momentos de expansão da escola republicana no Brasil, na última década do século XIX, já encontramos testemunhos de autoridades políticas que descreviam a ação escolar como ação dependente das condições do aluno.

O trabalho escolar seria eficiente se, antes, o aluno fosse curado, alimentado, se sua família correspondesse àquilo que a escola dela esperava, se seus hábitos fossem corrigidos e assim por diante.

Em relação ao professor, encontramos ao longo de quase todo o século XX relatos que representam a prática professoral como ação dependente da capacidade de realizar no intelecto da criança e do adolescente a apropriação dos conteúdos escolares. Mas a simultaneidade de ações muitas vezes favoreceu a presença de opiniões que demonstravam a perplexidade do professor diante do aluno que "quebra o ritmo" de todos.

Diante da necessidade de "bem ensinar", o professor foi sistematicamente abordado como ator que deveria receber novos *scripts*, ou como operador que deveria receber novas ferramentas, ou como desatualizado que deveria receber as luzes do progresso.

E a sala de aula, por sua vez, manteve-se circunscrita às representações da eficiência.

Eficiência muitas vezes tornou-se um refrão baseado na seguinte premissa: o trabalho do professor precisa que todos estejam no mesmo ponto de partida para que sejam conduzidos ao mesmo ponto de chegada.

É difícil pensar uma situação na qual o trabalho de ensinar do professor dentro de uma escola não seja permeado por essa premissa.

Classes homogêneas: passado e presente daquilo que a educação na forma escolar, simultaneamente, exige e impede.

Quando estudou a ação de Oscar Thompson na educação paulista na segunda década republicana, a historiadora Marta Carvalho fez a seguinte observação a respeito dos "sonhos de homogeneidade" daquele influente educador:

> (...) Prática humanitária de distribuição científica das crianças por escolas, casas de correção, hospícios ou prisões, a pedagogia científica via-se, assim, constituída como recurso de seleção e composição da clientela escolar. A organização de classes homogêneas, um dos objetivos das práticas de medição, era recurso de maximização dos resultados do ensino simultâneo e seriado, ponto estratégico do empenho das autoridades educacionais paulistas de constituição de um sistema de educação pública no estado (Carvalho, 2011, p. 299).

A sala de aula é um microcosmo, com situações e interações que só podem ser percebidas de perto. Esse cenário, porém, não deve ser desconectado da sociedade que gera a sala de aula como lugar/tempo da criança, mesmo porque, como já foi observado ao início, esse lugar/tempo não é simplesmente reflexo da sociedade; é também um dos seus pontos de partida.

A questão da homogeneidade nas salas de aula, no transcorrer do século XX, foi continuamente abordada sem perder de vista a aproximação que as populações pobres urbanas lentamente realizaram em relação à escola.

Se a universalização da educação fundamental é recente, já a partir da década de 1930 pelo menos a ampliação de vagas nas escolas públicas tornava-se realidade. A partir de então, na maior parte do século XX, essa expansão foi lenta, gradual e, acima de tudo, irregular, com muitos desníveis quantitativos e qualitativos, com diferenças de padrão, não de forma.

Mas, apesar de tudo, foi no século XX que assistimos ao aumento no número de alunos nas escolas públicas e, consequentemente, aquilo que as autoridades educacionais passaram a chamar desde a década de 1950 de "diversificação de clientela".

Na primeira metade do século XX, podemos encontrar inúmeras situações nas quais nos deparamos com iniciativas voltadas a impedir que o alunado de forma geral convivesse com crianças e adolescentes considerados inaptos para assumir a condição de aluno.

Para além disso, o histórico de reclamações relacionadas ao desempenho e ao comportamento de muitos alunos se manteve associado à circulação de diagnósticos produzidos no cotidiano escolar a respeito daqueles que "impedem" o trabalho em sala de aula e que, assim, revelam a inaptidão para a educação escolar ou a insuficiência momentânea de condições. Não faltaram testemunhos dos que sonharam com a sala de aula distante dos chamados problemas sociais. Foi uma travessia penosa para os alunos pobres.

Trago brevemente a este texto alguns exemplos que obtive em outras investigações que fiz no âmbito da antropologia histórica da infância (Freitas, 2008, 2009, 2010) e que podem ilustrar aspectos importantes para os debates relacionados à educação e à ética.

Porém, antes de recorrer a tais exemplos é importante refletir mais um pouco sobre as formas sociais.

Quando ofereço o curso de História Social da Infância na Universidade Federal de São Paulo, alguns temas se destacam pela comoção que causam entre os alunos.

Os assuntos abandono e orfandade são, nesse sentido, temas que estimulam ricas discussões.

É bastante frequente perceber entre alunos que as instituições relacionadas à infância, assim como ocorre com a escola, são pensadas com critérios desprovidos de história.

A relação entre órfãos e orfanatos pode ser usada como exemplo.

Ao início dos estudos, parece sempre ser "natural" a relação entre órfãos e orfanatos, parecendo ser necessário apenas entender as variações nos tipos de instituição e classificá-las conforme seus aparatos.

Não é natural essa relação, absolutamente. Ou seja, o orfanato é uma das formas sociais que o problema da orfandade adquiriu e que, com impressionante regularidade, se repete em circunstâncias diferentes.

O orfanato não está relacionado à história de todas as crianças desprovidas de pais. Como instituição, está relacionada à forma que as sociedades responderam e respondem à seguinte questão:

— A criança sem pais (e sem posses) é problema de quem? De todos? De ninguém? Do Estado? Da ação caritativa?

Esse lugar, que assim como a escola é uma instância de enclausuramento de perfil não punitivo, faz parte da forma social que a orfandade adquire no bojo de experiências históricas concretas. Não é natural (tampouco óbvio como parece) que a existência de órfãos exija a existência de orfanatos.

O orfanato é a resposta que damos ao problema com as devidas particularidades que se fazem presentes conforme varia também a relação tempo/espaço. Trata-se de uma resposta de grande longevidade.

Discutir se essa resposta é a melhor que temos para oferecer à crianças nessa circunstância é outra questão.

Não são poucos os alunos que perguntam:

— Mas se não tivermos orfanatos, onde ficarão os órfãos?

Parece ser natural a ligação entre pessoa e forma institucional, mas não é.

Pergunto de volta: o orfanato é uma instituição destinada a todas as crianças que sofrem o infortúnio da perda dos pais?

Não, não é. Historicamente está associado ao destino daqueles que estão em situação mais vulnerável. Essa instituição é uma forma de responder a essa vulnerabilidade.

Esse exemplo é importante para dar prosseguimento ao que está sendo apresentado neste livro.

Em relação ao problema da homogeneidade nas salas de aula, temos vasto histórico de ações que mostraram nossa sociedade relativizando o alcance da palavra "todos" entre nós.

Algumas falas são reveladoras de uma contradição: admite-se com facilidade que a escola é para todos. Mas a produção de consenso a respeito das "condições" para que todos estejam juntos numa sala de aula está longe de ter sido alcançada.

Vou relembrar algumas questões pontuais.

Desde o início do século XX, a escola foi projetada como solução para quase todos os problemas relacionados à infância e à juventude. Os conteúdos escolares, todavia, não contêm nenhuma dinâmica considerada apropriada à "regeneração" de crianças e adolescentes que se envolvem com a criminalidade.

Os conteúdos considerados regeneradores são pensados nas formas de socialização punitivas e organizadoras de experiências de privação de liberdade. Pode haver escola na prisão; mas parece consensual que essa escola "precisa" funcionar "na" prisão.

Na década de 1930, no então Distrito Federal, o Rio de Janeiro, as ideias de Leonídio Ribeiro ocuparam grande espaço nos debates sobre as crianças em situação de pobreza e os efeitos da educação escolar na prevenção dos crimes.

Médico influente e reconhecido pelo próprio Presidente Getúlio Vargas, Leonídio Ribeiro foi considerado uma "autoridade em infância".

Tive oportunidade de estudar a trajetória desse médico na história da infância brasileira em mais de uma ocasião, mas quem o estudou mais detidamente (e de forma brilhante) foi a antropóloga Mariza Corrêa (cf. Corrêa, 2011).

A cidade do Rio de Janeiro da década de 1930 é um exemplo significativo do quanto a sociedade brasileira discutia o papel da escola na resolução dos chamados problemas sociais das crianças de então.

É importante lembrar que as palavras de nosso repertório atual não estavam presentes nesse período. Não circulavam palavras como inclusão ou exclusão. Mas se debatia intensamente como tirar das ruas as crianças e muito do que se falava sobre o comportamento das que advinham das regiões suburbanas rapidamente se associava ao tema da criminalidade.

Considero importante citar um projeto defendido por Leonídio Ribeiro, especialmente porque aqui sim a intenção do texto é debater os temas inclusão e ética, palavras-chave de nosso atual repertório.

O que chama a atenção nos projetos de Leonídio Ribeiro é a plausibilidade atribuída às suas ideias. Ou seja, não me refiro ao estoque de ideias clandestinas que sempre se acumula em toda sociedade. Refiro-me a ideias expostas à luz do dia e merecedoras de atenção e entusiasmo por muitos.

Leonídio Ribeiro foi um defensor de estratégias de segregação e apresentou planos de ação imensamente desvalorizadores das camadas populares da cidade. Os sonhos desse homem que não foram realizados não o foram apenas por dificuldades orçamentárias e operacionais. Não houve interdito às violências que se apresentavam com roupas de ciência da regeneração.

Suas ideias eram fortes porque ecoavam boa parte da sociedade que reagia à presença de crianças nas ruas com os mesmos critérios e argumentos, apenas sem o verniz da ciência que o médico exibia, no Brasil e no exterior.

Leonídio Ribeiro destacou-se na história da antropologia criminal "aplicada" à infância. Seus escritos e seus projetos davam visibilidade às representações das crianças pobres como se fossem sempre pessoas "propensas ao crime".

Portanto, estou me referindo a uma liderança que expressava, à sua maneira, uma contradição bastante enraizada na sociedade brasileira.

Atribuía-se à escola o poder de prevenir o crime e conter nos limites dos bons costumes aquilo que o autor definia como propensão à criminalidade. Porém, contraditoriamente, essa argumentação colocava em dúvida se, de fato, todas as crianças deveriam permanecer juntas na escola.

Mais do que ideia de um único homem, as hipóteses do Dr. Leonídio sintetizavam muitas falas distribuídas nas várias faces do cotidiano. Refiro-me ao universo de representações que deu espaço às imagens da criança pobre como aluno problemático na sala de aula, problemático inclusive porque foi visto muitas vezes como ponto de contato entre a criminalidade e o interior da escola.

As propostas de Leonídio Ribeiro apresentavam "soluções" para muitos problemas relacionados à sala de aula. Em verdade, tais ideias respondiam sem meias palavras o que fazer com aqueles que atrapalhavam.

Projetava com suas fórmulas para salvar a cidade dos efeitos da propensão ao crime a construção de "lugares apropriados" e "apartados" das escolas, planejados cientificamente para curar as "anormalidades" presentes nas "famílias desestruturadas" dos bairros que cresciam, no seu entender, desordenadamente.

As falas de Leonídio Ribeiro eram acolhidas nos salões e nos gabinetes oficiais. Seu prestígio permitiu a ele fundar, com grande apoio governamental, um Laboratório de Biologia Infantil que foi associado ao Instituto de Identificação do Rio de Janeiro.

Sua obra fornecia argumentos para aqueles que acreditavam que determinadas pessoas nasciam prontas para os desvios de conduta. É claro que esse tipo de crença abria espaço para os mais abomináveis preconceitos sociais e, especialmente, preconceitos raciais.

Era uma autoridade com prestígio internacional e seu trabalho estava relacionado a muitas investigações que procuravam traduzir em termos "científicos" as conexões que julgavam existir entre crianças pobres e o mundo da criminalidade.

Leonídio Ribeiro foi um entre tantos que admiraram a força e a disciplina como recursos para evitar que as chamadas más propensões culminassem no alastramento da criminalidade.

Um dos seus sonhos era fundir medicina com pedagogia, saúde com educação:

> Nessa campanha, em que estamos empenhados em favor da criança, é opinião unânime que a medicina e os médicos terão papel preponderante e eficiente (...) A observação médica dos criminosos de todas as

idades precisa ser, pois, sistemática e completa, antes e depois do crime, não só em institutos adequados ao rigoroso diagnóstico, mas também em anexos psiquiátricos, não apenas para seu tratamento, mas ainda, e principalmente, a fim de ser possível o estudo das causas da criminalidade. As grandes linhas de reabilitação das crianças deformadas, física ou moralmente, devem ser, pois, traçadas dentro do quadro da medicina e da pedagogia (Ribeiro, 1938, p. 276).

Dr. Leonídio foi responsável pelo projeto "cidade dos menores". Tratava-se de um projeto de "segregação pedagógica" que foi apresentado como "presente" para as crianças consideradas "anormais".

Sua contribuição foi solicitada pelo então Ministro da Justiça, Dr. Macedo Soares, que planejava a construção de nova penitenciária no Rio de Janeiro acompanhada de um local especialmente planejado para menores infratores.

Esse local era a "cidade dos menores". Descrita com imagens que transformavam cadeias em paraísos da regeneração humana, tais locais simbolizavam pelo avesso um aspecto que definia no imaginário social a sala de aula das escolas regulares: esse cenário não era para "delinquentes".

Mariza Corrêa recolheu a descrição entusiasmada que o arquiteto da "cidade dos menores" fez. No melhor estilo de Leonídio Ribeiro, descreveu o ritual de "acolhida" dos adolescentes na cidade:

> (...) Logo à esquerda, ele deixa seus papéis, se é que os tem, e matricula-se no estabelecimento. Dali passa para o gabinete de identificação e fotografia, logo adiante da sala do diretor. Vai depois para a sala de antropometria e daí para o barbeiro, onde corta o cabelo e, em seguida, entra no banho. Depois veste roupa limpa.
>
> A sala de jantar, logo em frente, permite que se lhe dê um copo de leite ou a primeira refeição.

Limpo e reconfortado, segue ele para o segundo pavimento, onde ficará em uma das enfermarias, aguardando os exames a que se deve submeter. Ali continuará internado, durante o tempo em que estiver sendo examinado. Para esses exames, existem, nesse pavimento, salas para material de medicina, consulta de olhos, otorrino e outros laboratórios.

Enquanto passa o menor por todos esses exames, tem ali mesmo a refeição que lhe vem da cozinha, através do elevador de pratos. Só depois é que toma novo rumo, seguindo seu destino. (Corrêa, 2011, p. 93).

É de grande importância para os estudos sobre infância prestar atenção tanto no ensaio de Mariza Corrêa quanto no material por ela recolhido para tratar do tema "cidade dos menores".

O presídio, projetado como cidade, é descrito como paraíso que retribui o mal feito por menores desajustados com o bem da educação que, acompanhada dos cuidados médicos, jurídicos, psiquiátricos e pedagógicos, realizaria a obra preventiva capaz de garantir que toda a criança que está na escola, está porque merece; enquanto toda criança que não merece está também na "boa escola da regeneração". A ciência ajudava aqueles homens a defender como natural e inevitável a organização dos espaços com base no critério da homogeneidade: bem-sucedidos com bem-sucedidos; fracassados com fracassados.

Felizmente, a "cidade dos menores" não saiu da condição de projeto. Mas a força das ideias segregadoras não depende da materialização arquitetônica de locais projetados especialmente para a segregação. A força de tais ideias decorre do respaldo que acompanha as opiniões que naturalizam a relação entre desvio e presídios.

Mas a cidade nunca é um cenário uniforme.

Por isso, na mesma cidade e no mesmo contexto em que projetos como esse da "cidade dos menores" apareciam, o tema da escolarização de crianças pobres era abordado com outros critérios infinitamente mais generosos.

Quero rapidamente abordar que o projeto foi desenvolvido na mesma cidade e também no contexto da chamada "era Vargas". Refiro-me, porém, a um projeto ocorrido no âmbito da esfera municipal de governo, cuja Diretoria de Instrução Pública estava sob responsabilidade de Anísio Teixeira e que abriu espaço para que Arthur Ramos empreende-se lá uma ação renovadora nos estudos sobre o comportamento da criança, especialmente a criança com problemas escolares.

Representações da anormalidade, do desvio, do perigo social, enfim, imagens das diversas dissonâncias presentes no tecido das cidades oferecem, muitas vezes, palavras-chave da experiência de sofrimento individual e coletivo vivida por muitas crianças e adolescentes.

Menciono isso porque vou utilizar como exemplo, ainda que muito brevemente, um trabalho específico de Arthur Ramos realizado no âmbito do Serviço de Ortofrenia e Higiene Mental da Diretoria de Instrução Pública do Rio de Janeiro, posto que ocupou entre 1934 a 1939.

Arthur Ramos e sua equipe desenvolveram ações especialmente dedicadas a compreender o impacto das chamadas "condições de vida" no desempenho escolar de crianças que com muita facilidade eram consideradas "anormais".

O projeto foi desenvolvido tendo por base as escolas experimentais que a gestão Anísio Teixeira criou no Rio de Janeiro.

Quero pontuar que no mesmo cenário em que se ampliava o uso do conceito de anormalidade e se tratavam como científicas as propostas de classificação das crianças consideradas "propensas" ao crime, circulou também uma nova referência conceitual que abriu um horizonte mais generoso e rigoroso para tratar de questões que, no dia a dia da escola, eram objeto de perplexidade entre professores.

Arthur Ramos elaborou o conceito de "criança-problema".

O conceito de "criança-problema" tornou-se um conceito que indiretamente demonstrava o pequeno alcance teórico do conceito de "criança propensa", mesmo que este contasse com o aparato do Laboratório de Biologia Infantil de Leonídio Ribeiro.

O Departamento de Ortofrenia e Higiene Mental realizou ampla pesquisa envolvendo alunos, professores, pais e membros das comunidades onde as escolas experimentais estavam instaladas.

O ponto de partida do estudo de caso estruturado por Ramos estabeleceu-se tomando por base a necessidade de enfrentar com ferramentas teóricas e empíricas mais apropriadas a questão do uso indiscriminado da palavra "anormal" nos documentos que descreviam a população escolar das zonas periféricas do então Distrito Federal.

O estudo de caso realizado deu origem ao livro *A criança-problema* e tornou-se um novo marco nos estudos que até então eram feitos com alunos pobres, muito embora o livro, o projeto e as escolas experimentais não fossem propostas dedicadas exclusivamente à criança pobre.

Arthur Ramos promoveu sensível esvaziamento das possibilidades explicativas presentes nos conceitos de "normal" e "anormal".

As entrevistas com crianças, familiares e membros das comunidades permitiu a circulação de novos referenciais para interpretar os mesmos problemas de aprendizagem que eram "resolvidos" com o conceito de anormalidade.

Entrava em cena uma nova apropriação dos chamados "problemas sociais". Somava-se a isso o tom inovador que Ramos trazia à questão, à medida que exigia de seus auxiliares de pesquisa a utilização de perguntas que fossem capazes de identificar "problemas emocionais" dos alunos.

A abordagem dos problemas emocionais junto às crianças das escolas experimentais proporcionava aos professores envolvidos analisar casos concretos de alunos que demonstravam instabilidades. Instabilidades que não estavam circunscritas às questões de classe social.

O grande ganho que as entrevistas ofereciam era o convencimento que parte do professorado adquiria de que algumas instabilidades não poderiam ser verificadas com a aplicação de exames de sangue ou com testes de inteligência (cf. Ramos, 1949; Teixeira Lopes, 2002).

A equipe de Ramos entrevistou centenas de crianças e familiares.

O trabalho em questão, a despeito de ser evidentemente um trabalho datado, cujos resultados não podem ser aplicados indistintamente a qualquer contexto, conseguiu deixar bastante evidente o quanto o desempenho da criança em sala de aula estava sujeito à opinião que os professores tinham a respeito do "equilíbrio" de seus pais e de suas famílias. Esse suposto equilíbrio era continuamente lembrado como necessário para que a casa pudesse colaborar com a escola, posto que muitos depoimentos demonstravam o quanto estava estabelecida a opinião de que na maioria das vezes a casa, especialmente a casa pobre, atrapalhava o que a escola fazia.

Em 1939, após muitos anos de observação, aplicação sistemática de testes para verificação de maturidade, realização de entrevistas e organização de fichas cadastrais foi publicado o livro *A criança-problema*.

No livro, Arthur Ramos demonstrou o quanto fora necessário enfrentar o uso indiscriminado da palavra anormal para referir-se à criança com dificuldades de adaptação às rotinas escolares.

Apresento um pouco de suas próprias palavras:

> Logo se verificou que uma enorme percentagem de crianças classificadas como "anormais", não eram portadoras de nenhuma anomalia mental, mas sofriam a ação de causas extrínsecas. Para que então continuar chamando de "anormais" a essas pobres criaturas vítimas da incompreensão dos adultos, do seu meio, da sua família, da escola? (...) As crianças "caudas de classe" nas escolas, insubordinadas, desobedientes, instáveis, mentirosas, fujonas na sua grande maioria não são portadoras de nenhuma anomalia moral, no sentido constitucional do termo. Elas foram "anormalizadas" pelo meio. Como o homem primitivo, cuja selvageria foi uma criação dos civilizados, também na criança o conceito de "anormal" foi, antes de tudo, o ponto de vista adulto, a consequência de um enorme sadismo inconsciente de pais e educadores (Ramos 1939, p. 19).

A ideia de "criança-problema" possibilitava aos professores uma arma crítica para retirar muitos alunos dos limites argumentativos da criminalística.

Os chamados desajustes familiares, especialmente quando referidos à família pobre, traziam ao cenário novas dimensões da vida privada das crianças e adolescentes, e a revelação de detalhes íntimos muitas vezes serviu para reorientar a avaliação que a escola fazia sobre o comportamento de alguns.

A "criança-problema" não tinha equivalência alguma com a "criança anormal". Arthur Ramos percebia a questão enumerando desvantagens pessoais. Não havia como tratar das desvantagens pessoais sem levar em consideração o fator estruturalmente comparativo que caracteriza todos os rituais de simultaneidade presentes na sala de aula.

Quero compartilhar uma anotação de Arthur Ramos que já utilizei em várias análises sobre o tema:

Obs. 19 (Escola 'Bárbara Ottoni, ficha nº 141 do S.O.H.M.)

D.F., menina de 8 anos, de cor preta. O pai, brasileiro, cor preta, servente da Escola Militar, alegre, boa saúde. Castiga os filhos com frequência, principalmente quando D.F. não aprende a gramática que ele ensina. A mãe, brasileira, cor preta, é cozinheira e analfabeta; fala muito e zela pelos filhos (...). Moram em quarto alugado numa casa habitação coletiva. Não há acomodação para menina. Vizinhança má (*sic*). Vão raramente a cinema e passeios (...). Deita-se às 22 horas, levanta-se às 6; dorme em leito comum a uma irmã de 6 anos, no mesmo quarto dos pais. Brinca em casa sozinha; trabalha muito em casa, ajudando a mãe. Na escola brinca com os companheiros (...) Faz desordens na turma, tendência a dominar, atormenta os colegas com beliscões, implica e briga com os colegas (...) chora facilmente, é tagarela, mente muito. Não é asseada (...) É agitada, agressiva, imaginativa (...) fala constantemente e dá gargalhadas espetaculares. Peso 24k800, altura 1m245. Linfatismo pronunciado (Ramos, 1939, p. 84-5).

Em 1935, segundo a mesma ficha, a menina D.F. participou de uma entrevista na qual deu o seguinte depoimento:

— Você gosta muito de estudar, porque está ficando vagarosa?

— Eu ando cansada.

— Cansada de quê? Você brinca tanto!

— Em casa eu trabalho muito.

— Que faz você?

— Ajudo a mamãe. Enquanto ela lava roupa dos fregueses, eu varro e limpo os móveis. Depois lavo a roupa toda de casa e passo a ferro. Mamãe faz o almoço de véspera. À noite e pela manhã faz o jantar. Eu também olho o fogo e as panelas, enquanto ela faz outros serviços.

— Quando é que você brinca?

— Só aos domingos, à noite. Papai não deixa brincar nos outros dias. Depois do jantar, quando guardo a louça que lavei, vou estudar com o papai.

— Que ensina ele?

— Gramática. Já sei os pronomes e quando se escreve letra maiúscula ou minúscula. Se eu não respondo direito, entro na pancada.

— Você apanha?

— Se apanho... e de chicote.

— Como é este chicote?

— É uma correia amarrada num pau...

A ficha é concluída com a seguinte observação:

Em novembro de 1935 conversamos com a mãe da menina, esclarecendo-a sobre os inconvenientes dos maus-tratos e castigos corporais, e ela nos prometeu amenizar os trabalhos em casa e agir junto ao pai, para não espancar mais a criança.

Ramos planejou a observação sistemática da vida domiciliar das crianças daquelas escolas públicas do Rio de Janeiro e valeu-se da situação para ampliar o uso de ideias que recolhia da psicanálise, ciência que cada vez mais lhe chamava atenção.[2]

A imagem da "criança-problema", naquele contexto, era nova acompanhada de retratos antigos. A vida privada desnudada da criança precisava ser compreendida para que se pudesse entender o que estava por trás de cada aluno-problema.

A criança protegida com a designação D.F. foi percebida numa trama diária de que a submetia a muitas contradições interligadas, entre as quais o trabalho doméstico, trabalho esse, aliás, que se revelava presente no dia a dia de quase todas as crianças abordadas

A ficha tornou possível constatar a inconsistência de um argumento muito presente na história dos alunos-problema.

---

2. Sobre a influência da psicanálise na obra de Arthur Ramos, ver Teixeira Lopes (2002).

A escolarização da criança pobre, por exemplo, foi acompanhada de muitos diagnósticos que com poucos argumentos declararam que em famílias pobres há pouco ou nenhum envolvimento dos pais com as tarefas escolares. O aspecto mais preocupante na avaliação dos problemas da criança D.F. é justamente o compromisso de seu pai com seu aprendizado, que excedeu em muito os limites da razoabilidade.

A criança em questão sintetizava muitas desvantagens que se acumulavam na sua pele, no seu sexo, no seu lugar econômico no tecido da cidade. Essa menina tornou-se objeto de ciência e fonte para a construção do conceito de criança-problema.

Sua trajetória demonstrava que as crianças que se tornam alunos turbulentos ou vagarosos têm na pobreza fatores encadeados de desajuste: as marcas do espaço físico e suas limitações estão combinadas com as marcas do comportamento e com aquilo que a sociedade, naquele momento, genericamente chamava de moral.

Mesmo com muitas limitações, já apontadas por muitos estudiosos da obra de Ramos, é importante reconhecer que a diferença presente naquela forma de abordar a criança-problema gerou, pelo menos para aquela situação, uma "autoridade científica" renovada suficiente para demonstrar que a vida doméstica faz parte do cotidiano escolar e que, por isso, a noção de "criança propensa" não tinha solidez suficiente para permanecer circulando com a força que circulava e, principalmente, não tinha consistência para influenciar decisões sobre permanecer ou não na sala de aula.

A escola projetava-se com representações que exigiam dela atuar como instituição organizadora e regeneradora dos processos de socialização secundários, aqueles que excedem o plano da família.

A chamada "criança-problema" tornava-se uma lembrança de que problemas da esfera privada podiam inviabilizar o trabalho escolar.

Os problemas familiares arrolados nas muitas fichas (alcoolismo, violência, desemprego etc.) permitiam aos educadores envolvidos com o projeto reclamar em novos termos reformas domésticas para que fosse possível construir um novo país com base em novas instituições.

Independentemente dos limites presentes na nova conceituação, podemos perceber que o uso indiscriminado da palavra anormal não estava associado simplesmente aos debates sobre aprendizagem escolar.

As representações da anormalidade estavam associadas à vida particular dos alunos e aqueles que eram identificados como "rabeira de classe"; mesmo que os problemas escolares não se restringissem às estratificações econômicas, eram projetados como evidências, "provas" de que as camadas populares deveriam ser controladas pela escola para que a homogeneidade da sala de aula não fosse prejudicada pelo estoque de insuficiências que tais alunos traziam de casa.

Os projetos educacionais presentes no Rio de Janeiro da década de 1930 revelaram a facilidade com que a pobreza era identificada simbolicamente com territórios urbanos impregnados de códigos próprios, cuja decifração seria necessária para que a escola pudesse governar a adaptação da criança à escola.

Esses embates entre projetos e lideranças intelectuais não eram e não são, por si sós, condutores da realidade. Estou me referindo a esses exemplos porque expõem dimensões do cotidiano com as quais percebemos o quanto as palavras adquirem sentido conforme são usadas, conforme são apropriadas.

As ideias de anormalidade de Leonídio Ribeiro tinham força principalmente porque davam forma e sentido a vários estoques de aversão que se formam entre pares e entre estratos sociais diferentes (Elias, 2005).

O conceito de "criança-problema" também não criava nenhuma realidade. Tentava descrevê-la.

Representava o insucesso escolar com recursos descritivos mais generosos e menos excludentes que o conceito de anormalidade. Excludência essa que se materializa não só quando é conceito de anormal é concebido, mas principalmente quando é usado.

A circulação de tais ideias e debates nos permite identificar alguns momentos nos quais nossa sociedade passou a discutir com mais intensidade o tema da adaptação da escola à criança pobre.

Crescia continuamente o número de pessoas dispostas a defender o seguinte princípio: a escola precisa se adaptar às insuficiências e incompletudes da casa pobre.

A noção de adaptação, apropriada no dia a dia das grandes cidades, passava a representar a ideia de que para "certas crianças" não importava à escola escolarizar, mas ocupar o tempo, tirar da rua e, se possível, alimentar. Instalava-se entre nós uma das mais destrutivas formas de interpretar o relacionamento entre a instituição escola e os estratos sociais pauperizados.

A generalização e o uso do conceito de "criança-problema" podem ser identificados também noutras circunstâncias históricas, mesmo porque a atuação de Arthur Ramos no Serviço de Ortofrenia e Higiene Mental findou-se em 1939 e, principalmente, porque as representações do insucesso escolar não podem ser consideradas reservas de domínio de um intelectual e seu projeto.

Quero lembrar que em razão do tema desta publicação, vejo-me obrigado a chamar atenção a algumas circunstâncias e personagens específicas. Mas é importante não esquecer que o processo de disseminação da escola pública no País se fez acompanhar da disseminação de práticas de obtenção de medidas da inteligência e da maturidade das crianças, com o objetivo de produzir salas de aula homogêneas.

A ação de Manoel Lourenço Filho nesse sentido provavelmente é o exemplo mais significativo a ser lembrado. Mas minha intenção aqui não é a de fazer contrapontos entre biografias, tampouco estabelecer uma história intelectual dos conceitos que acompanharam a história social da infância no Brasil, no século XX.

Estou, como afirmei ao princípio, trazendo ao debate os temas inclusão e ética para que, juntos, possamos (re)pensar algumas guerras de representações (Bourdieu, 1999) que acompanham o insucesso escolar, especialmente de crianças e adolescentes pobres.

Creio ser bastante importante acrescentar ao que está sendo apresentado aqui os exemplos proporcionados pelo Centro Brasileiro de Pesquisas Educacionais, que foi fundado no Rio de Janeiro em 1956, também sob iniciativa de Anísio Teixeira.

Desde 1956, o Centro Brasileiro de Pesquisas Educacionais (CBPE) do Rio de Janeiro e sua secção regional de São Paulo, o Centro Regional de Pesquisas Educacionais (CRPE-SP), mantinham uma estrutura departamental semelhante, contando, ambos os Centros, com Divisões de Apoio ao Magistério, de Apoio Didático e de Estudos e Pesquisas Sociais. Contavam também com a Divisão de Estudos e Pesquisas Educacionais.

A Divisão de Estudos e Pesquisas Sociais, de ambos os lugares, trouxe a público diversas situações e personagens do cotidiano. São exemplos que nos permitem perceber o quanto o cenário da sala de aula, com os jogos de simultaneidade e comparação de sua estrutura, continuamente acrescentava novos sentidos no repertório de palavras que caracterizava crianças consideradas inadequadas para a homogeneidade da sala de aula.

Os anos de vão do final da década de 1950 ao início da década de 1960, antes da tragédia do golpe de Estado de 1964, podem ser considerados a melhor parte do período que presenciou a multiplicação dos estudos de caso, no Brasil.

Para os propósitos deste texto, não é necessário restabelecer as linhagens teóricas desses estudos de caso.[3]

É importante, sim, lembrar que em tais estudos o cotidiano escolar passou a atrair o olhar de pesquisadores que tinham na metodologia dos estudos de caso a oportunidade de usar novas "lâminas" para observar os micromovimentos das grandes cidades.

A referência às lâminas aqui não é casual. A metáfora do laboratório foi utilizada muitas vezes na história da educação brasileira, quando o que estava em questão era compreender a incidência de problemas sociais no âmbito da escola (cf. Freitas, 2002, 2004; e Xavier, 2000).

Essa lâmina que mais surpreendia quando aparecia no "microscópio" das novas estratégias de pesquisa social era a sala de aula.

O CBPE e o CRPE-SP patrocinaram muitos estudos de caso voltados para a "especificidade de cada local" e pesquisadores de perfil variado, mas complementar, dedicaram atenção especial às interações (e conflitos) entre escola e comunidade.

Os estudos de caso da Divisão de Estudos e Pesquisas Educacionais eram reforçados pela presença de Darcy Ribeiro que coordenava no CBPE o Programa de Pesquisa em Cidades-Laboratório.

---

3. Detalhes podem ser conferidos nos estudos de Xavier (2000); Maio (1997), e Silva (2001).

Foi esse programa o responsável por conduzir antropólogos e sociólogos a locais identificados como exemplares de questões sociais que permaneciam incrustados na dinâmica com a qual a sociedade brasileira reproduzia seu padrão de pobreza e de déficits educacionais.

Foi no âmbito da Divisão de Estudos e Pesquisas Sociais do CBPE que a "criança favelada" foi projetada como objeto de ciência "específico", considerado fundamental para os estudos de caso sobre os desafios da escolarização em cidades de grande porte.

Assim como o projeto mencionado de Arthur Ramos provocou deslocamentos na forma de entender o insucesso escolar, os projetos do CBPE favoreceram revisões nos estudos sobre comunidade.

Em ambas as cidades, Rio de Janeiro e São Paulo, a rede escolar primária se expandiu entre 1930 e 1957. Portanto, no início da década de 1960 se discutia com mais intensidade os chamados problemas da incorporação de "todas" as crianças ao cotidiano escolar.

Tanto em São Paulo quanto no Rio de Janeiro, circulou na imprensa a manifestação daqueles que denunciavam "os erros da expansão", que não levava em consideração as dificuldades de adaptação por parte de crianças pobres em relação à dinâmica escolar (cf. Beisieguel, 2006; Spósito, 1998).

Pesquisadores dos dois Centros de Pesquisa davam início a um dos mais fecundos capítulos da história das ciências sociais no Brasil, especialmente no que toca à aproximação em relação aos temas educacionais. Ali se ensaiava uma inovadora sociologia da educação, uma vez que a configuração interna da escola pública brasileira se tornava objeto de pesquisa na contramão das manifestações que davam início a um ciclo até hoje em aberto, o da desvalorização da escola pública.

A partir de 1958, a Divisão de Estudos e Pesquisas Educacionais do CRPE-SP estabeleceu um programa de verificação de "escalas de escolaridade".

Percebe-se no material deixado pelos que participaram desses processos o quanto estava em voga o tema da "cultura popular".

Com as "escalas de escolaridade" oficializava-se a intenção de verificar "o *quantum* de escolarização o aluno trazia, sem prender-se em demasia na avaliação de zero a dez", procurando identificar repertórios culturais em situação de grande precariedade (*Boletim CRPESP*, n.15, p. 131-2, 1959).

O tema do "nível cultural" de cada família tornava-se onipresente em todos os projetos.[4]

Muitos projetos identificaram entre professores argumentos que classificaram o aluno pobre como um problema particular da escola pública, uma espécie de "doença congênita" da expansão.

Em relação à expansão, especificamente no Rio de Janeiro é interessante ressaltar que alguns projetos perceberam a utilização frequente do conceito de "criança-problema".

À primeira vista parecia que os estudos de Arthur Ramos ainda estavam repercutindo nas escolas públicas observadas, especialmente porque as referências à criança-problema se apresentavam com antigas palavras que descreviam desde o começo do século XX a chamada "pressão da casa pobre sobre a escola".

A casa pobre era representada como ambiente propício para acumular problemas de toda ordem e, no entender de muitos, esse acúmulo de problemas era o grande responsável pela evasão escolar.

---

4. Em certo sentido, antecipava-se o interesse por um objeto que se configuraria décadas depois com a designação de "práticas parentais", interesse fundamental para a nova sociologia da infância que emergiu no final do século XX.

O tema da reprovação escolar foi sensivelmente reelaborado no âmbito de tais projetos. A proximidade com as realidades pesquisadas, particularidade dos estudos de caso, ofereceu condições para que a escolarização fosse projetada como instrumento necessário para mitigar questões sociais relacionadas à infância vivida também nas regiões periféricas das grandes cidades.

No Rio de Janeiro algumas situações foram favoráveis aos pesquisadores para que percebessem que o tema da criança-problema estava bastante impregnado de representações sobre os territórios da pobreza urbana.

Não é por acaso que entre aqueles estudos o tema da escolarização de crianças faveladas ganhasse grande destaque.

O relatório de Josildeth Gomes Consorte intitulado A criança favelada e a escola pública, apresentado em 1959, tornou-se um ícone da pesquisa social aplicada à educação escolar.

Trata-se de um documento fundamental porque nos oferece condições plenas para observar que o conceito de criança-problema criado por Arthur Ramos havia sido ressignificado no seu uso e tornou-se expressão bastante usada para designar a criança favelada.

O trabalho escolar aparecia como ação prejudicada pela intenção de integrar mundos considerados distintos e incompatíveis: a escola e a favela.

A pesquisa de Consorte flagrou momentos nos quais se estabelecia, no repertório de palavras da escola, uma distinção entre a criança pobre de forma geral e a criança favelada. Esta, considerada parte de uma realidade "pouco recuperável", cada vez mais passou a ser considerada empecilho ao trabalho escolar.

O cotidiano escolar projetava-se como antítese necessária de um mundo privado considerado problemático. Assim, a escolarização era representada como antídoto ao convívio forçado com a rua a que a favela necessariamente conduzia suas crianças.

A defesa do princípio da integração entre casa e escola não abrangia a não casa, tal como era considerada a habitação de favela.

A pesquisadora, diante daquele cenário, apresentou contundentes críticas às políticas públicas:

> Embora a integração dessas populações à vida metropolitana implique num grande esforço de sua parte e numa série de problemas para a administração local, quase nada é feito no sentido de assisti-las. A solução dos seus problemas tanto de moradia como de emprego, assistência médica, educação e quantos mais defrontem, fica inteiramente a cargo de sua iniciativa. Sua incorporação à sociedade urbana, com todas as dificuldades que envolve, faz-se por um processo inteiramente espontâneo (Consorte, 1959, p. 45).

A vida escolar relatada nos apontamentos de pesquisa mostrava crianças com muitas queixas e frustrações (Consorte, 1959, p. 46). A generalização das reclamações quanto ao dia a dia escolar estava relacionada a professores, diretores e escalões mais elevados das chefias distritais.

Os pais se queixavam continuamente e os conflitos com as famílias tornam-se registros constantes na documentação escolar.

Em muitos registros predominava a opinião de que os pais não tinham condições de acompanhar as demandas da escolarização das crianças.

Chamei a atenção, em mais de uma ocasião, para o fato de que diante daquela situação as escolas ostentavam certa "neutralidade técnica" pela qual se acentuava a representação da escola como instituição "pronta", mas povoada por pessoas nem sempre à altura de um compromisso de racionalização clara e previamente anunciado (cf. Freitas, 2008, 2009).

O que estava previamente anunciado e que a população usuária da escola deveria conhecer?

Objetivos: 1) permitir o ingresso de crianças com sete anos de idade; 2) fazer com que essas crianças superassem dificuldades de modo a conquistar ao final de cada ano o direito à série seguinte; 3) fazer com que as crianças permanecessem na escola durante todo o ciclo de escolarização indicado pela lei; 4) fazer o ingresso na etapa seguinte de escolarização (Consorte, 1959, p. 47).

Os números daquele contexto evidenciavam uma desigualdade que aumentava progressivamente: 60% das crianças não faveladas estavam matriculadas contra apenas 30% das crianças faveladas.

Mas por que a criança favelada passava a ser a referência simbólica do conceito de "criança-problema"?

Primeiramente isso se dava porque em todas as falas que se referiam aos problemas escolares das crianças faveladas afirmava-se que somente seria possível escolarizá-las se, e somente se, seus problemas familiares fossem solucionados antecipadamente.

Na sequência se apresentavam os entraves da instituição que se via impossibilitada de recebê-los, pois suas moradas não eram consideradas endereço fixo. Sendo assim, todo o acúmulo de referências ao encontro entre escola e comunidade não se referia às crianças faveladas porque, naquela ocasião, as representações de comunidade nem sempre as abrangia.

No início dos anos 1960, muitas daquelas crianças chegaram com seus pais à cidade em momentos nos quais a matrícula já havia sido encerrada. Os índices de reprovação sofriam o impacto desse desencontro.

Quando uma criança naquela situação conseguia matrícula, dificilmente escapava da defasagem entre sua idade e a série na qual era aceita; a criança favelada era, desde então, aquela mais velha entre os alunos "com a idade apropriada para a série".

A pesquisadora, retomando a estratégia de Arthur Ramos, recolheu a opinião de familiares. Percebeu que no universo privado daquelas crianças se processava outro tipo de valorização relacionado à aquisição de tamanho suficiente para assumir tarefas domésticas ou para participar mais ativamente da obtenção de recursos para a sobrevivência da rede familiar, que muitas vezes abrangia avós, tios e primos.

Por isso, os depoimentos de professores convergiam em direção a um mesmo diagnóstico: "a casa desmanchava o que a escola fazia" (Consorte, 1959, p. 49). Já as mães se queixavam que aquilo que para elas tinha muito valor não era levado em consideração no mundo escolar.

Numa das escolas pesquisadas, 42,35% das crianças matriculadas na primeira série eram repetentes. Diante do drama da situação, causa perplexidade a presença de muitas opiniões que proclamavam que tais crianças estavam roubando qualidade da escola pública.

Consorte (1959, p. 50) fez um triste retrato dessa situação:

> Outro fator de retardamento do ingresso da criança favelada na vida escolar ligado a circunstâncias de funcionamento do próprio sistema educacional é a seleção de alunos que certas escolas fazem no ato da matrícula. É do conhecimento de todos — professoras, diretora, chefe de distrito — os problemas que as crianças faveladas representam para a escola, os empecilhos que constituem à realização dos ideais educacionais (...) Desta maneira, quanto menor for o número de crianças faveladas na escola, tanto menores serão seus problemas e tanto mais perto estará ela de realizar suas aspirações aparentando um alto rendimento. Presenciamos mais de uma vez (...) crianças deste grupo serem preteridas no ato da matrícula, sob a alegação de que já não havia mais vaga na escola, quando sabíamos ainda haver lugares disponíveis reservados para outras

crianças. As crianças assim preteridas eram encaminhadas a uma das duas outras escolas do bairro, que por sua vez também se esforçavam por encaminhá-las para uma terceira. Neste processo, muitas crianças faveladas acabam por não conseguir matrícula na idade desejável.

Um amplo segmento da população infantil foi convertido em obstáculo ao andamento das rotinas escolares, e o que de mais imediato se apresentou diante dessa situação foi o questionamento a respeito do que fazer para "não quebrar o ritmo".

As pesquisas do CBPE e do CRPE-SP encontraram práticas de desqualificação que impregnavam os rituais de iniciação na vida escolar.

Assim que chegavam, aquelas crianças eram submetidas ao teste de verificação de maturidade para a leitura e para a escrita. As que eram consideradas imaturas eram encaminhadas para as séries preliminares, as que eram consideradas "no ponto" tinham suas matrículas efetivadas nas séries regulares. Trata-se de um princípio homogeneizador que se autojustificava com base na necessidade de oferecer aos professores condições uniformes para trabalhar cada turma e às crianças tratamento específico, conforme o diagnóstico oferecido pelos testes.

Essa situação repercutia na lógica de atribuição de aulas.

Os professores denominados estáveis assumiam as chamadas turmas regulares com desempenho satisfatório nos testes de verificação.

As turmas designadas como preliminares, ou seja, aquelas de fraco desempenho nos testes de verificação, recebiam as professoras substitutas ou aquelas com solicitação de transferência em andamento.

As condições mais precárias e desfavoráveis de ensino eram oferecidas àqueles que a própria escola havia diagnosticado como merecedores de mais atenção.

Independentemente do resultado que os dividia em regulares ou preliminares, aqueles alunos seguiam o mesmo o programa.

A dinâmica de avaliação e distribuição das turmas entre professores tomava por homogêneas crianças que a própria estrutura da escola isolou como portadoras de uma heterogeneidade prejudicial à escola.

Repito aqui, mais uma vez, o que já escrevi a respeito dessa situação. Os índices de reprovação das turmas preliminares eram altíssimos e, ao termo, a reprovação, tal como uma profecia que se autorrealizava, despontava como fruto das próprias peculiaridades daqueles alunos.

Os déficits anteriormente medidos ressurgiam como provas de que mesmo com a ação institucional a escolarização pretendida era considerada pouco viável. Somava-se a esse diagnóstico o reconhecimento de que professores substitutos seriam profissionais pouco comprometidos com a escola, ansiosos apenas por obter uma colocação mais próxima das regiões centrais (cf. Freitas, 2008).

A preterição daquelas crianças-problema era defendida em nome da qualidade da educação.

Por isso, a criança favelada tornou-se um aspecto não escolar dentro da escola; uma espécie de vírus de efeito atenuado pela terapêutica apartação em classes de atrasados.

Aos estudos sobre o dia a dia das favelas e das periferias, foram agregados aspectos inovadores relacionados às contradições entre o mundo rural e o urbano; entre modernidade e arcaísmo e todas as faces desse repertório conectadas aos processos de metropolização das grandes cidades (cf. Freitas, 2002).

Os estratos mais empobrecidos frequentemente eram acusados de "inchar" as periferias, de ampliar a escassez com ocupações urbanas indevidas e de promover a invasão a processos de socialização até então dotados de prestígio, como a escola pública.

Quero trazer a este texto um último exemplo histórico dessa questão "quem fica, quem sai", para retomar a reflexão apresentada ao início e chegar até alguns cenários do nosso contexto atual.

Neste último exemplo vou permanecer na década de 1960.

Em setembro de 1961, o governo da Guanabara enviou uma minuta à direção da Fundação Ford com o objetivo de estabelecer um convênio de cooperação internacional voltado especificamente para a realidade educacional da cidade.

Nos termos do documento, o governo buscava obter recursos para implementar "uma experiência inovadora" voltada para "população infantil proveniente das favelas" que demandava, então, acesso ampliado à educação pública.

Ao mesmo tempo que o ineditismo da proposta era exaltado, os termos que justificavam a iniciativa e que também reconheciam a excelência da Fundação tomavam por razão de ser do projeto a "constatação já feita" de que o repertório de problemas educacionais relacionado à criança pobre era, no entender dos seus signatários, antes de tudo um "conjunto de problemas de saúde".

Essa "constatação já feita" apropriava-se do legado de algumas experiências anteriores e projetava, simultaneamente, sua atenção a aspectos considerados ainda não suficientemente tratados, embora sempre referidos como "já sabidos".

A negociação prosperou e resultou na concretização, em 1º de agosto de 1962, do Projeto-Piloto que contou com o aporte de U\$ 225.000 para a Secretaria de Educação e Cultura.

Na distância do tempo, as manifestações contundentes do governador Carlos Lacerda a respeito das prioridades educacionais da Guanabara, presentes no conjunto documental do Projeto-Piloto, são palavras-chave de um período em que a educação pública foi combatida com argumentos risíveis, mas de efeito nefasto.

Quem se depara com as falas governamentais presentes em tais documentos, proclamando compromissos prioritários com a educação que ao "Estado cabia prover", deve se lembrar de que no mesmo ano de 1961 estava em processo de finalização o documento que deu origem à Lei de Diretrizes e Bases da Educação Nacional (LDB), Lei n. 4.024/61, que consumiu anos de disputa no Parlamento, numa tramitação truncada entre 1948 e 1961, e que teve em Carlos Lacerda uma das mais contundentes lideranças contrárias ao financiamento da educação pública como função do Estado, defendendo abertamente "a escola privada como única e real escola do povo" como afirmava na verborragia que lhe era peculiar.

O Projeto-Piloto foi, então, arquitetado em nome das obrigações que o Estado da Guanabara tinha a cumprir por exigência da mesma LDB que estava chegando.

O tema da escolarização de crianças com déficits de toda ordem era constantemente apropriado de modo a reiterar a ideia de que problemas de escolarização estão associados a problemas com locais de moradia.

A história desse Projeto-Piloto, contudo, não deve ser considerada apenas um capítulo a mais na trama que revela a inconsistência de ações governamentais no âmbito da educação e também da saúde em nosso país.

Como a contradição se projeta como elemento a ser desvelado em toda circunstância, é possível reconhecer aspectos na história do Projeto-Piloto que mantiveram autonomia em relação às pretensões governamentais.

É possível também reconhecer algumas conexões entre o Projeto-Piloto e alguns itinerários da pesquisa social que vinham se estabelecendo no país, tais como os citados no âmbito do CBPE.

Ou seja, o Projeto-Piloto foi uma iniciativa, como muitas similares, mergulhada no conflito instalado entre a pretensão investigativa de alguns e as projeções governamentais que procuravam confirmar diagnósticos para justificar políticas voltadas ao "que fazer com meninos pobres".

Porém, a despeito das intenções de rigor de alguns pesquisadores envolvidos com o Projeto-Piloto, no geral predominou uma destrutiva aceitação dos repertórios da chamada educação compensatória, de triste memória.

Em relação às experiências anteriores de aproximação e estudo de caso, o Projeto-Piloto tratou a questão da saúde da criança pobre como tema não aberto às contradições que a pesquisa empírica pudesse evidenciar.

Ou seja, o Projeto, quando deslocou profissionais da saúde para dentro das escolas das zonas faveladas, o fez com objetivo de implantar dinâmicas profiláticas visando interromper tudo o que pudesse ser considerado "prática de autoadoecimento". Tratava-se de uma ação com diagnósticos já prontos.

O uso das palavras educação e escolarização no âmbito do Projeto-Piloto foi bastante instrumentalizado. Educar e escolarizar mais uma vez tornavam-se verbos reféns de estratégias que visavam reduzir níveis de adoecimento.

Em setembro de 1965, ocorreu em São Paulo o Primeiro Seminário Nacional de Desfavelamento.

Manifestava-se a "necessidade" de se estabelecer uma prévia uniformização dos elementos descritivos necessários para definir o lugar favela. Considerava-se importante assegurar que os vários projetos em andamento se mantivessem coesos quanto à missão a cumprir no âmbito da ação em escolas, visando assumir a condição de saúde preventiva. Por isso, quando um profissional fosse mobilizado para um projeto de desfavelamento deveria, desde o princípio, ter ciência do que encontraria:

> Conjunto de barracos, sem planejamento, construídos com material precário, de maneira desordenada, com insuficiente área construída por pessoa. Há uma característica geral que é a ausência de loteamento. Quanto aos barracos há três aspectos a considerar: propriedade do residente, propriedade de outro morador da favela e propriedade de terceiros que exploram o aluguel. As favelas se localizam próximo ao centro urbano, às concentrações industriais e também, próximas aos bairros residenciais. Em sua maioria situadas em morros, baixadas e alagados. Em alguns lugares, à beira dos rios ou da linha férrea. Nas favelas há ausência de serviços públicos essenciais, especialmente precariedade de fornecimento de água. As fossas quando existentes são deficientemente construídas e são acumuladas. Não há coleta de lixo e há promiscuidade de animais domésticos. A população da favela apresenta um baixo índice sanitário com doenças migratórias e doenças decorrentes da situação de vida na favela (...) (Relatório, 1967, p. 7-8)

O Projeto-Piloto trabalhava com definição semelhante desde 1962, e justamente porque assumia a mesma perspectiva descritiva, as equipes médicas compartilhavam com as famílias dos locais definidos como "zonas marginalizadas" a expectativa de que a escola pública primária pudesse habilitar aquelas crianças a obter melhores condições de vida.

No entender da equipe responsável, o problema se agravava porque a vida nas favelas agregava também "doenças de outra ordem", como os "bloqueios ligados a fatores psicossomáticos e socioculturais".

Nesse sentido, vale a pena observar uma expressiva contradição em relação aos atores da escola. A retórica médica era tão plena de si que manifestava certo estranhamento diante do fato de que crianças em tais circunstâncias fossem objeto de testes de inteligência. Considerava-se que a aplicação de testes em tais circunstâncias sujeitaria o processo de verificação a vulnerabilidades. Assim, os testes, com frequência, classificavam crianças ingressantes como portadoras de retardo mental. Os médicos assumiam uma perspectiva que supostamente deveria estar no *script* dos professores do local.

Todas as falas, porém, convergiam em direção a um entendimento comum: a escola era representada como instituição superior às particularidades das "famílias impossibilitadas" de oferecer "preparo prévio" para a escolarização.

A migração crescente fez com que os problemas escolares da população infantil fossem considerados de ordem epidêmica pela equipe do Projeto-Piloto e, por isso, insistia na divulgação do índice que informava que em 43,68% das escolas da rede oficial havia número elevado de crianças residentes em favelas e que em 30% das escolas a situação tornara-se muito preocupante, porque mais da metade das matrículas dizia respeito a crianças severamente pobres (Projeto-Piloto, 1967, p. 8).

Por isso, desde os seus momentos inaugurais, o Projeto-Piloto desgrudou-se das intenções investigativas para assumir a perspectiva de "reformular e adequar a escola primária" às reais condições da clientela (Ibid., p. 8-9)

O argumento que defendia a necessidade de reformular a escola primária oferecida ao alunado pobre decorria da seguinte análise prévia:

> As crianças provenientes de áreas menos favorecidas chegam à escola totalmente despreparadas para responder às expectativas da estrutura e

organização escolares. Para as deficiências que apresentam, tais como: experiências reduzidas, vocabulário pobre, problemas do desenvolvimento sensorial e da afetividade, valores e crenças diferentes dos padrões da classe média e média alta, não encontram na escola o atendimento adequado (Ibid., p. 8-9).

Por isso, a proposta projetava para o Estado da Guanabara um "programa de educação compensatória" voltado para os interesses comunitários que, no entender da equipe médica envolvida com o Projeto, esperavam que a escola atendesse às suas necessidades específicas e lhes permitisse desenvolver, ao mais alto grau, suas potencialidades, considerando seus interesses pessoais e os da comunidade (Ibid., p. 9).

Com recursos provenientes da Fundação Ford, complementados pela Secretaria da Educação e Cultura do Estado da Guanabara, teve início o processo voltado para a modificação curricular e ampliação do tempo de permanência na escola, uma vez que:

> O horário de trabalho na escola foi alterado para as turmas experimentais que permaneceram durante dois anos em regime integral de oito horas. No último ano o horário foi reduzido para seis horas que foram consideradas adequadas à realização de um programa de educação compensatória. O horário de três ou quatro horas, em classe, não é suficiente, uma vez que suprimem as atividades indispensáveis à socialização e ao enriquecimento de experiências (...) e dá prioridade à parte acadêmica do currículo, tornando a escola não uma agência social, mas sim uma agência de informações, de precária utilidade quanto à aplicação futura da instituição recebida (Ibid., p. 11).

As escolas que participaram do Projeto foram selecionadas com base no critério de identificação dos seguintes pré-requisitos: a) matrícula mínima de 300 alunos; b) 50% ou mais de matrícula representada por crianças provenientes de áreas desfavorecidas; c) grande incidência de alunos considerados, na organização escolar, como excepcionais (AE).

É interessante notar que a indicação dos critérios e a opção pelas ações compensatórias foram consideradas suficientes para afirmar que a *saúde escolar* seria a base do trabalho pedagógico resultante da aproximação entre investigadores e investigados, tornando-se a saúde da criança pobre o elemento diferenciador entre a pragmática experimentalista do Projeto-Piloto e a tradição recente de projetos de análise e intervenção em locais pobre, periféricos, com favelas ou não (Ibid., p. 21).

Porém, certo zelo pela "semelhança" em relação a projetos chancelados pela comunidade acadêmica foi alimentado com a instalação de um Setor de Pesquisas Sociais que, rapidamente, passou a ser considerado pelos próprios participantes como "ponto de destaque" (Ibid., p. 22) e elemento precioso na formulação das estratégias de intervenção na saúde escolar:

> A presença da antropóloga e da socióloga na equipe de supervisores foi, sem dúvida, um dos fatores determinantes do bom resultado de nossa experiência, que trouxe para a Educação Primária na Guanabara uma nova visão do problema favela, quanto à sua possibilidade de integração e promoção econômica (Ibid., p.22).

O Serviço Social Escolar tal como foi realizado nas escolas do Projeto também foi enaltecido como experiência pioneira. Esse Serviço foi idealizado como agente da interpretação das expectativas da família e a da comunidade. Mas, sua principal razão de ser, baseava-se na premissa de que o "dialeto da escola" demandava intérpretes junto à comunidade:

> A ação da escola muitas vezes não era bem compreendida pelas populações de áreas desfavorecidas e essa incompreensão se fazia cada vez mais forte na medida em que as aspirações não eram atendidas ou os valores e crenças não eram aceitos (Ibid., p. 23).

Continuamente se buscava estabelecer um "idioma comum" entre escola e comunidade, um léxico mínimo para o qual convergisse a comunicação entre as partes.

A criação do Centro de Observação e Ajustamento para Terapia da Palavra, em 19 de outubro de 1964, pode ser entendida nesse contexto. Em pouco tempo, quase todos os envolvidos com o Projeto-Piloto se deixaram convencer que era necessário compensar déficits de repertório vocabular.

No bojo dessa questão, as chamadas Classes de Ajustamento se configuraram num projeto dentro do Projeto. Essas classes foram concebidas como "adicional pedagógico" da compensação que somava educação com saúde.

Em 1965, a Seção de Classes de Ajustamento já havia recebido 6.000 crianças e a previsão para 1966 era a de trabalhar com mais de 20.000 (Ibid., p. 25-6).

Praticamente se oficializava um processo de escolarização dentro do outro com base na estratégia de reorganizar a comunicação entre professor e aluno. Estratégia sempre próxima da chance concreta de segregar "por dentro", de "excluir no interior", como diria Bourdieu (2000), também servia, contraditoriamente, para reforçar a crítica aos testes de escolaridade e às escalas de inteligência, denunciando a incompatibilidade entre os seus pressupostos e a realidade.

A pobreza urbana, mais do que uma realidade em si, tornava-se uma espécie de personagem fantasmagórica dentro da escola.

Nesse sentido, o tema da saúde da criança pobre não foi causa de muitas iniciativas, mas consequência da perplexidade que muitos provaram quando nossa diversidade cultural e nossa profunda desigualdade social, ambas, tiveram de prestar contas à educação na forma escolar, cujo pressuposto maior é o da homogeneidade entre crianças e jovens "para que o trabalho docente possa acontecer", para falar com as palavras do Projeto-Piloto.

O Projeto-Piloto, dentre os exemplos aqui citados, foi aquele que mais se ocupou do tema saúde e também o que mais se distanciou da dinâmica de pesquisa levada a efeito nos projetos do CBPE, por exemplo. Esse distanciamento pode ser em boa parte compreendido com a atenção aos profundos desvios que o tema da educação compensatória provocou na pesquisa social interessada no tema da escolarização de crianças pobres. Um só exemplo basta para ilustrar o que se denomina aqui por desvio: em relação a todos os projetos anteriores, que foram marcados por certo jargão antropológico que buscava na pesquisa de campo estabelecer repertórios de saberes descobertos, o Projeto-Piloto, "porque falava em nome da saúde", partia de um "repertório de problemas já sabidos", o que tornava a realidade focada, diferentemente das experiências anteriores, campo de comprovação de pressupostos e de "saberes já estabelecidos" sobre a inteligência da criança pauperizada.

Sabemos que a educação compensatória foi uma estratégia de indisfarçável intenção de dar uma política educacional pobre para pobres, com baixo investimento, baseada exclusivamente na premissa de que "para alguns", para aqueles que padeciam "privação cultural", o que estava em questão era uma escola-hospital, uma escola-merenda, uma escola-albergue, para compensar os efeitos de uma desigualdade desumanizadora.

Em tais casos, o peso dos jogos de simultaneidade não pesava contra a criança muito pobre porque, de fato, ela era incorporada a um jogo que não era para ser jogado. Ela se tornava um número na simulação que se fazia quando se afirmava que aquelas crianças estavam em processo de escolarização.

Quem entra, quem fica, quem sai: formas sociais e formas não escolares da educação

Como se percebe, inclusão educacional tornou-se, no transcorrer do século XX, um problema com muitas faces.

Os exemplos citados no capítulo anterior são pequenas amostras do quanto as assimetrias sociais têm distorcido o foco das lentes que se voltaram para a sala de aula.

O esforço para configurar quem entra e quem fica na escola foi, em certos momentos, proporcional ao esforço para configurar quem não entra, quem não fica, ou seja, quem sai. E isso sem que a escola deixasse de ser, por um momento sequer, a portadora de uma socialização voltada para todos.

Nesse processo, a escola tornou-se objeto de um duplo e contraditório jogo de representações. Em relação aos alunos, ela aparece como entidade concluída e isso suscita intermináveis debates sobre como adaptá-los às exigências e aos parâmetros dos conteúdos que foram escolarizados.

Em relação aos professores e gestores, ela aparece com entidade por fazer, ou seja, ainda incompleta, e isso também suscita intermináveis debates sobre como acrescentar apetrechos e métodos para que (de posse de novos conhecimentos sobre a inteligência da criança) a escola uniformemente escolarize.

A socialização escolar que nosso tempo arquitetou é, por definição, uma socialização democrática, porque baseada em regras impessoais e direcionadas a todos. Porém, em nossa sociedade, como afirmei anteriormente, "todos" nem sempre é palavra que abrange a todos, de fato.

No caso concreto da sociedade que construímos no Brasil, levou-se às últimas consequências a seguinte contradição: o esforço histórico realizado para expandir a oferta de educação escolar foi acompanhado simultaneamente de grande esforço questionador a respeito da permanência de alunos "que atrapalham", esforço esse somado a muitas ações tomadas para evitar que a sala de aula fosse frequentada por sujeitos sociais que, nas mais variadas circunstâncias, foram representados como aluno-problema.

Uma lógica de protelação envolveu de maneira especial a argumentação escolar sobre o chamado aluno-problema.

Por que protelação?

Enquanto (e destaco especialmente a palavra enquanto) estivesse doente, subnutrido, desestabilizado, irregular, deficiente, delinquindo, com a família desestruturada, enfim, *enquanto* as desvantagens desse aluno-problema não fossem superadas, muitos se manifestaram pela inviabilidade crônica de escolarizá-lo plenamente.

Assim, especialmente a criança demasiadamente pobre, que não raramente soma em sua trajetória aspectos variados de diferentes agruras e, por isso mesmo, de antemão é vista como potencial aluno-problema, é considerada pouco escolarizável. A escola de crianças pouco escolarizáveis é, muitas vezes, aquela que lamenta estar onde está, falando com quem está falando, recebendo quem está recebendo.

Nesse sentido, se podemos (e devemos) tratar do tema inclusão associando-o ao universo das deficiências ou ao universo

O ALUNO-PROBLEMA

das diversidades culturais, religiosas, sexuais etc., é necessário também reconhecer que no nosso país os problemas se sobrepõem. Por isso, inclusão não é um tema que pode ser abordado a partir de uma única perspectiva.

A difusão da educação escolar configurou-se, por um lado, evitando que estratos sociais diferenciados tivessem (com raras exceções) na sala de aula o mesmo cenário de convivência. Essa apartação não é gerada pela escola, e por esse aspecto ela não pode ser responsabilizada.

Por outro lado, independentemente do estrato social, a quebra de ritmo do ponto de vista individual é incompatível com o cenário da sala de aula e a diferença de desempenho entre pares suscita desconforto permanente.

A escola tornou-se uma instituição com muito a oferecer quando se tem em vista lidar com a homogeneização de práticas e procedimentos; ao mesmo tempo, tornou-se frágil e vulnerável quando entra em cena a heterogeneidade, a quebra de padrão, especialmente dos padrões de desempenho verificáveis por avaliações escritas.

Os padrões de desempenho são quebrados num complexo jogo que vincula o mundo externo ao mundo interno da escola, mas essa vinculação frequentemente é esquecida ou, ao contrário, supervalorizada de modo a tentar demonstrar que o que acontece ao redor torna "impossível" escolarizar determinadas pessoas.[5]

Para além disso temos, sem dúvida, diferenças entre escolas. Como pensar essa questão: a da diferença entre escolas, não somente entre pessoas?

Sem oscilar na forma, tivemos (e temos) diferença de padrão, especialmente na apropriação estratificada desse local que se

---

5. Trata-se daquilo que John Thompsom chama de "construção ideológica da realidade" (cf. Thompsom, 2005).

autorrepresenta como lugar-comum a todos. Incluir na escola, portanto, não significou incluir na mesma escola. Se não oscila a forma escolar, oscila a forma social da escolarização.

E é porque não há oscilação na forma que a oscilação de padrão faz tanta diferença e a precariedade torna-se uma marca que distingue não somente escolas entre si, mas também estratos sociais entre si. Demonstramos materialmente o quanto os lugares simbolizam também a valorização ou a desvalorização entre pessoas, na mesma sociedade.

Poderíamos escrever essa história unicamente narrando as circunstâncias e as personagens que se ocuparam com alinhamento de crianças e adolescentes conforme o mesmo padrão de desempenho. Poderíamos também, com base nisso, escrever uma espécie de história social da inteligência da criança, tentando evidenciar que as representações da inteligência foram construídas, na maioria das vezes, tomando por ponto de partida a ideia de que a escola "é", "está pronta" e o desafio a ser superado seria o de estabelecer procedimentos para "aperfeiçoar" a inteligência dos que estão e encontrar destinação "apropriada" para os que não podem, não conseguem ou não devem estar.

Temos uma dupla tarefa em termos analíticos. A primeira está relacionada a compreender como a educação adquiriu a forma escolar e, consequentemente, o que nessa forma conecta cada pessoa com obrigações adaptativas, ou seja, com o adaptar-se ao tempo, ao espaço, aos conteúdos, às cadeias de comparação e competitividade e, principalmente, à mensuração que verifica o quanto do sujeito não escolar foi sendo gradativamente deixado para trás.

A segunda tarefa diz respeito a compreender como a escola multiplicou-se enquanto fazia a síntese de materialidades e experiências que fez. Essa segunda tarefa tem complicações próprias porque diz respeito a compreender as variações de padrão, sem que essa inconstância represente variação na forma.

Em 1966 Antonio Candido publicou estudo que se tornaria um clássico: *A estrutura da escola*.

Com esse estudo deu início a um estilo de abordagem sociológica da escola que antecipou aquilo que na década de 1990 seria objeto de novos estudos educacionais baseados no conceito de "cultura escolar".

Candido demonstrou a singularidade presente na instituição escola *porque* escola.

Com riqueza de detalhes, indicou que as relações interpessoais presentes no espaço interno da escola sofrem o impacto da forma e do "específico" do trabalho escolar.

Por isso, o autor foi um dos primeiros a nos ensinar que as sociabilidades que se apresentam em ambientes complexos como o pátio da escola ou como a sala de aula não são simplesmente reflexos da malha legislativa que envolve a instituição, mas são também expressões das *relações em si* que todos travam com todos, quando participantes do mundo próprio da escola e que a história vivida pode variar muitíssimo de situação para situação.

Narodowski (2001) descreveu com grande inspiração o significado da palavra específico quando aplicada ao universo escolar, deixando-nos perceber também a questão da variação no padrão.

Assim escreveu:

A fotografia que mais chamava a atenção dos presentes era de uma escola rural situada em uma clareira da selva no estado brasileiro do Acre, fronteira ocidental do país com Bolívia e Peru (...). O prédio da escola estava construído com oito postes de madeira distribuídos no perímetro de um retângulo, quatro instalados um em cada canto e dois postes em cada lado maior da figura. Esses pilares sustentavam um teto duplo inclinado formado por duas grandes folhas de palma, sustentadas por sua vez por uma leve estrutura de bambu (...). Como entre os pilares não havia parede, podia-se visualizar alguns dos objetos e das pessoas situados dentro da pequena escola. Os bancos se acomodavam em fileiras (...) e os alunos se sentavam lado a lado, em duplas. Bancos e alunos olhavam para diante, onde era possível encontrar uma professora parada ao lado de uma lousa negra, retangular (...). Evidentemente, a imediata reação diante das imagens era de um sentimento de profunda pena pela situação experimentada por alunos e professores em várias regiões ibero-americanas (...). Porém, a esse primeiro efeito seguia-se outro muito menos afetivo: embora a escola não possuísse qualquer parede, seus limites exteriores eram perfeitamente reconhecíveis. Uma linha imaginária, mas contundente, separava a instituição do mundo exterior. Na realidade, esses limites estavam tão precisamente demarcados pela cuidadosa distribuição do mobiliário e a meticulosa localização das pessoas somadas à existência de elementos típicos (como o quadro-negro) que o receptor da imagem podia concluir que esse rancho, essa tapera, esse barracão, constituía a realização de uma das instituições típicas da cultura ocidental: tratava-se nada mais e nada menos do que de uma escola (Narodowski, 2001, p. 12-3).

"Nada mais e nada menos do que uma escola." Já escrevi uma vez que se observarmos duas crianças brincando de professor/aluno, ainda que não tenham nenhum instrumento em mãos, ainda que toda a geografia do local de trabalho escolar esteja em suas cabeças repletas de imaginação, provavelmente identificaremos com facilidade o que estão a fazer simplesmente porque existe algo "da escola" que se apresenta com impressionante regularidade toda vez que a escolarização é produzida ou mimetizada (cf. Freitas, 2007).

Lourenço (2005) investigou práticas de escolarização levadas a efeito em instituições prisionais.

Até a "escola da cadeia" repete, naquilo que tem de *específico,* as regularidades que transformam o espaço escolar, o tempo escolar, a organização escolar, na imagem fundadora que impregna tudo o que se refira ao fazer educacional que é realizado com diretrizes idênticas, independentemente das condições em que se materializa. Nesse caso, o que está em questão é separar pessoas. Estando lá, os separados entre si adentram à educação plasmada na mesma forma.

Se há essa regularidade, por outro lado, as condições em que se materializam os rituais de simultaneidade acentuam ou atenuam as possibilidades de exclusão daqueles que quebram o ritmo condizente com a forma.

Debater ética e inclusão diante desse quadro demanda, então, uma separação metodológica.

Há um aspecto relacionado ao tema inclusão que diz respeito ao processo de ampliação no número de vagas pela generalização do anseio por oferecer para todas as crianças oportunidades de escolarização.

Temos, porém, a oportunidade de verificar que a ampliação no número de vagas muitas vezes se dá em condições materiais precárias (cf. Freitas e Biccas, 2009).

Quando assim ocorre, o verbo incluir passa a ser um sinalizador de que certo segmento populacional está "passando para dentro" do tempo escolar. São situações de passagem da escola indisponível para a escola disponível.

Porém, uma vez disponível, a escola é escola, independentemente de suas condições. Ela pode não acontecer; pode ser objeto de grandes simulacros, mas acontecendo opera com base na redução da educação à sua forma. Quando a questão incide sobre "dar o mesmo" a quem já está dentro da escola, a regularidade de sua forma se choca com as muitas expressões de inadaptação.

A educação na forma escolar é um processo de grande engenho operacional, mas como instituição não consegue operar sem alimentar dentro de si os muitos dramas de insucesso porque à escola todos se adaptam e não o contrário. Fosse o contrário, não seria a instituição o que é.

Por isso, metodologicamente, é necessário pensar o problema em duas frentes: inclusão no tempo escolar não é o mesmo que adaptação ao ritmo escolar. No primeiro caso a luta é para entrar, no segundo a luta é para acompanhar e não tornar-se obstáculo à simultaneidade. Antropologicamente, tempo e ritmo se diferenciam.

Em relação à ética, quando presenciamos variações no padrão conforme a variação na clientela, percebemos que estamos diante das assimetrias sociais. Esquivar-se dessas assimetrias é também um problema ético.

Quando nos deparamos com escolas de lata, por exemplo, não estamos diante da dissolução da forma, estamos diante da forma social com a qual determinados estratos são tratados.

Assim, os que se interessam pelo tema infância são desafiados a compreender como um longo processo vem tornando a infância um tempo social permanentemente confundido com os tempos de escolarização. Simultaneamente é preciso compreender que participar do mesmo tempo de escolarização não significa ter a mesma experiência social, uma vez que sem as mesmas condições materiais, sem os mesmos recursos para a apropriação de direitos reconhecidos como universais, as crianças se vêm sensivelmente prejudicadas pelos jogos de estratificação social a que estão submetidas.

Porém, quero frisar, diferentemente do que se costuma anunciar, multiplicar escolas por si só não significa reconhecer o "direito à infância", ainda que se multipliquem escolas com qualidade.

Defender o direito à infância também exige evitar que toda a experiência de ser criança se reduza à experiência escolar. Caso contrário, seremos seduzidos a pensar que o compromisso com a infância se reduz ao compromisso com instalações escolares adequadas.

Se a educação em sociedades salariais se reduz à escolarização, não é necessário que a infância se reduza à experiência de institucionalização escolar.

Respeitar a infância, ou seja, reconhecer os direitos de geração que são aqueles relacionados à preservação das integridades física, intelectual, emocional e moral inerentes à experiência de ser criança, demanda aos educadores não convalidar a opinião de que esse processo equivale apenas a garantir preparo para a vida adulta.

A presença mitificada do preparo para a vida adulta colabora para que o tempo escolar se projete como tempo institucional do crescimento corporal, movimento percebido sempre em perspectiva desenvolvimentista, mais interessada nos pontos de chegada do que nos percursos de vida.

Tendo adquirido a força que a escola adquiriu em nossa sociedade, nos encontramos também diante da obrigação de reagir criticamente à contaminação a que assistimos por meio da qual o tempo escolar vai se enraizando em tempos que não "precisam" ser tempos escolares, mesmo que sejam tempos educacionais também.

Garantir educação, por mais estranho que pareça, não é o mesmo que garantir escolarização, pelo menos não em qualquer contexto.

O espectro da escola ronda todos os tempos internos do tempo social infância e, especialmente agora, ronda o universo institucional de educação da criança de zero a cinco anos de idade.

Inclusão nessa faixa etária tem outro significado e isso se dá porque instituições como a creche, por exemplo, têm (pelo menos por enquanto) outra forma.

Assim como na escola, as categorias espaço, tempo, organização e práticas no âmbito da educação infantil têm um conteúdo próprio que não admite a condição reducionista de "etapa prévia" em relação ao período da escolarização propriamente dita.

Não se deve admitir que o trabalho com crianças pequenas se desapegue de objetivos próprios para constituir-se mero "degrau" para os processos de escolarização ou, pior ainda, que se tornem um processo de escolarização em si, adaptado à circunstância de transformar crianças pequenas em "aluninhos".

A criança pequena tem direitos seus, que também devem ser pensados em si e para si. São direitos que se somam, mas não se confundem com os direitos de suas mães, tampouco com os direitos dos profissionais da infância. A criança pequena não é parte da fantasmagoria que envolve a construção social do aluno-problema.

Quando temos a oportunidade de observar de perto uma instituição voltada para as crianças pequenas, encontramos outro *próprio*, outro *específico*.

A ausência da dinâmica de encadeamento comparativo, que é mediada por processos de avaliação que abrangem professor e aluno, proporciona à educação infantil condições para ser um lugar-tempo educacional sem ser escolar.

Alguns podem apresentar a seguinte objeção: mas se essa realidade é sujeita a planejamento, rotina, reiteração de gestos, enquadramento das horas e avaliação de condutas, para além de suscitar materiais próprios, por que não reconhecer nesse conjunto a escola?

E a resposta deve ser direta: porque cada uma dessas questões pode ser pensada do ponto de vista da educação infantil em si, porque como parte da educação infantil em si adquirem significado diferenciado porque não "precisam" expressar escolarização em seus propósitos. Ou seja, tais ritualidades não são objeto de monopólio de uma forma institucional e estão abertas a outros registros de significação.

Corre-se o risco, grande risco, de se pensar que a educação só pode ter sua dinâmica reconhecida quando conectada à história dos conteúdos que foram transpostos para as disciplinas ou para os saberes professorais que se tornaram expressões da especialização que as práticas escriturais dão ao nosso tempo.

Quero defender a perspectiva de que a educação da criança pequena deve articular-se a outras formas que se configuraram com outras finalidades educativas e que se tornaram direito específico da criança pequena justamente porque se trata de um direito não aprisionado na forma escolar.

Podemos pensar, por exemplo, num universo com conteúdo próprio que diz respeito à expansão da educação na forma-creche, por que não?

Temos uma formatação que não se confunde com a escolar justamente porque tem uma forma peculiar de construir o seu *modus operandi.*

Espaço, tempo, organização e práticas são elementos construídos no seio das intensas relações que transbordam da "cultura da infância" quando essas relações ainda não estão condensadas na outra forma social, que é a forma-aluno.

É na singularidade da construção cotidiana do espaço, do tempo, da organização e das práticas que o trabalho com crianças pequenas ganha uma tonalidade própria.

E como essa tonalidade própria está relacionada àquilo que está sendo discutido ao redor do conceito de forma?

Para responder a essa questão, é necessário relembrar um dos fundamentos das sociedades salariais: a separação entre teoria e prática.

A educação infantil tem sido equivocadamente associada ao mundo da não teoria, como se fosse uma instância de ação completamente dominada pelo reino da prática. Representamos o campo de ação da educação infantil como se descrevêssemos situações na quais sempre as mãos triunfam sobre intelecto. E às vezes representamos essas mesmas situações como se as mãos prescindissem do intelecto.

A separação entre teoria e prática é uma das ilusões das sociedades salariais. Essa separação só circula com a força que circula porque se assenta em vários aspectos que mitificam as estratificações sociais presentes como se fossem necessárias e indissolúveis.

Entre essas mitificações podemos identificar a representação da escola como universo da teoria educacional necessária e nas instituições como as creches a representação da teoria desnecessária, porque as creches são identificadas como espaços não educacionais.

Porém, o que é peculiar na educação infantil não é o conjunto de ações que só se empreende com base na predominância da prática sobre a teoria.

Mas se cuidar dos corpos, alimentar, entreter, fazer dormir etc. não é um conjunto especificamente prático que caracteriza o *próprio* da educação infantil, o que do seu conteúdo é "estritamente seu" a ponto de fazer com que espaço, tempo, organização e práticas escapem da poderosa forma escolar?

O que é essencialmente seu é a forma de lidar com a "cultura da infância".

Florestan Fernandes já se referiu à cultura da infância em 1961 quando publicou seu estudo sobre as "trocinhas do Bom Retiro".

Luisa Molinari (2007) na Itália e William Corsaro (2007) nos Estados Unidos têm trabalhado com uma mesma base de observação que permite a ambos organizar seus campos de análise com base na categoria cultura da infância.

Esse tema também conectou intelectuais de primeira grandeza como Margareth Mead (2001) e Marcel Mauss (1996) aos estudos sobre crianças e adolescentes.

O que essas perspectivas têm em comum é o reconhecimento de que as crianças pequenas não só reproduzem a cultura do mundo adulto, assimilando hábitos rotinizados nas práticas de cuidados, como também transformam qualitativamente o conteúdo de tudo o que recebem. Essa "apropriação" se dá na escala do microscópio e o mundo pré-escolar é microscópico não somente porque está relacionado a pequenos tamanhos e pequenos espaços, mas também porque compreender a essência do que é a infância antes do seu trancamento nos tempos de escolarização exige aproximação etnográfica para que se compreenda o que é educação "noutra forma" e também o que é ser criança, antes de ser um aluno.

Não são poucas as vezes nas quais presenciamos autoridades (mesmo autoridades educacionais) referindo-se ao universo das creches como se se referissem simplesmente a um lugar de ficar e não a um local educativo. É necessário resistir, evitar a escolarização da educação infantil.

Voltemos à socialização escolar.

Ética (que está relacionada às atitudes que assumimos diante do outro) e inclusão (que diz respeito à partilha do mundo) são temas que quando confrontados com o específico da educação infantil nos oferecem mais elementos para confrontar criticamente a lógica da sociabilidade escolar, que é necessariamente outra, radicalmente outra.

A sociabilidade escolar tem uma estrutura propícia ao confronto de desempenhos. Sua complexidade estabelece teias de ação e conectividade. Essas teias geram a transposição dos problemas nascidos nos rituais de simultaneidade para as ações de seus protagonistas: professores e alunos. Os primeiros, especialmente quando a escolarização se dá em condições materiais desfavoráveis, são chamados a trabalhar evitando que alunos-problema atrapalhem o ritmo do trabalho.

E o que fazer então quando mergulhado nas pressões do cotidiano o professor se vê diante do desafio de garantir que o frágil equilíbrio do cenário da sala de aula não se rompa com as demandas da heterogeneidade?

Pensemos essa questão com base exclusivamente no critério desempenho.

Tomemos por certo que, nessa altura, está claro que toda menção ao desempenho da criança-aluno conforma-se em figurações[6] que a simultaneidade da educação escolar proporciona às experiências individuais de escolarização.

Em outras palavras, tomo por certo que estamos diante de um problema estruturado pela forma como o tempo se estrutura na escola. O insucesso, diante desse quadro, poderia ser "curado"?

---

6. Figuração é um conceito que pode se conferido em Elias (2005).

Desempenho: escola e saúde

Os exemplos históricos utilizados anteriormente para compor a análise em curso neste livro foram escolhidos porque cada qual à sua maneira demonstrou aspectos singulares do tema inclusão em nossa sociedade.

Foram escolhidos com intenção de demonstrar quantas vezes dedicamos esforços pessoais e institucionais para garantir a ampliação do acesso à escola. Porém, as situações utilizadas como exemplo demonstraram que nosso tecido social é permeado pelos efeitos das desigualdades sociais.

Por isso, muitas vezes essa ampliação de direitos e de acesso tornou evidente uma sociedade cortada transversalmente por jogos cotidianos de distinção, através dos quais percebemos pessoas e estratos sociais como um todo agindo para demarcar lugares sociais e expor critérios de aceitação ou de rejeição para o convívio dentro das instituições.

Os efeitos das desigualdades sociais impactaram muitas iniciativas que abordaram a criança e o adolescente que estavam fora da escola com as promessas "educativas" da segregação.

Mas não só de projetos de segregação se alimentam as distâncias sociais.

Palavras e gestos continuamente reiteraram diferentes dimensões do desconforto em relação à chegada do aluno pobre à escola ou, em sentido contrário, em relação à chegada da escola aos redutos geográficos da pobreza.

Em termos analíticos, é necessário evitar reducionismos para não fazer desse tema simplesmente a denúncia do quanto os maus prejudicam os bons.

O tema inclusão demanda sempre atenção ao tema da ética porque este possibilita analisar o conjunto de atitudes diante do outro e também as perspectivas de quem faz do tema inclusão a razão de ser de seu trabalho analítico.

Nas atitudes diante do outro, encontramos os processos em que se organizam "estoques de aversão" com os quais são projetados os efeitos da dualidade "nós/eles".

Como já afirmado, foi Norbert Elias quem cunhou a expressão "estoques de aversão" quando buscou compreender como, em dadas situações, mesmo grupos muitos parecidos entre si acabam forjando a própria identidade com base na definição cotidiana "daquilo que não são" ou "daqueles com quem não se confundem" (cf. Elias, 2005).

No transcorrer do século XX, não foram poucas as situações nas quais foram emitidas opiniões que questionavam a "eficácia" da universalização do acesso à escola considerando "o povo que tínhamos", ou melhor, projetando como a noção de "nós" se faz também com a indicação dos limites "deles" (Hall, 2000).

Por isso, tais imagens e situações exemplares, mais do que simples evocação das sombras do passado, tornam-se necessárias nesta análise porque, ainda seguindo a trilha de Elias, pensar o tema inclusão significa também pensar no seu avesso, a exclusão.

Abordar a inclusão pelo avesso, ou seja, abordá-la na exclusão, exige de nós atenção às questões éticas porque se trata antes de tudo de um campo de conflito que não se restringe aos limites da agenda econômica. Essa agenda econômica muitas vezes pauta a dualidade inclusão/exclusão verificando escalas de consumo.

O que quero afirmar recorrendo a Elias é que não podemos medir efeitos de inclusão/exclusão apenas verificando acesso ou ampliação de acesso às instituições.

Muitas vezes, excluir (material ou simbolicamente) torna-se o elemento que dá coesão àqueles que excluem. Por isso, os efeitos de muitas situações não são numéricos, mas são, na realidade, efeitos organizadores das referências que os grupos sociais reivindicam quando se identificam, ou seja, quando partilham signos de pertença: o que eu sou se soma ao com quem eu sou.

Mas se fizemos questão de abordar a produção social do aluno-problema retomando rapidamente os fundamentos da sociedade salarial, que faz do tempo escolar um tempo que se confunde com o tempo social infância, o fizemos justamente porque o tema inclusão não se restringe aos processos em que se discute o acesso ou a universalização de direitos educacionais.

O tema inclusão diz respeito aos fundamentos comparativos do cenário sala de aula, cenário esse que não se instala sem trazer consigo, sem impregnar em sua forma, as cadeias de simultaneidade que tornam a quebra de ritmo um problema significativo para os docentes e, ao mesmo tempo, um problema estigmatizante para todo aquele que se atrasa ou faz a turma atrasar.

Por isso, muitas vezes as escolas que garantem classes homogêneas realizam esse intento à custa de intensa seletividade social, contribuindo para que se acredite que salas de aula com "mistura" entre estratos são aquelas menos viáveis para o trabalho docente.

Porém, é importante frisar que o imperativo da homogeneidade no ritmo escolar gera problemas de ordem pessoal que extrapolam os limites das camadas sociais. Em qualquer sala de aula pode se apresentar como problema responder sobre o que fazer com o aluno que não acompanha o ritmo dos demais.

A diferença no repertório de recursos disponíveis para enfrentar essa questão torna-se um problema crivado pelas desigualdades sociais, mas o problema em si está relacionado à estrutura da escola como forma histórica da difusão da educação.

A desadaptação ao ritmo escolar, como já mostrava Manoel Bomfim no início do século XX, sempre foi um problema suscetível aos preconceitos sociais, produtores de diagnósticos sobre as supostas incapacidades de certas camadas sociais, de certas origens geográficas e até de certas cores de pele que não a branca.

Mas mesmo quando tais suscetibilidades não estão presentes, o problema do desempenho sempre foi um convite à produção e circulação de diagnósticos sobre o corpo e a mente de cada criança e adolescente percebidos como inadaptados.

Se hoje em dia é comum encontrar manifestações críticas à "medicalização" dos problemas escolares, pode se afirmar que vem de longe a patologização do erro, da dificuldade de compreensão, do não entendimento.

O aluno-problema é uma personagem da sala de aula. Quando o problema dessa personagem se associa ao desempenho, inclusão passa a significar demanda por entender, acompanhar, reforçar e dirigir ações de proteção para que o seu chamado déficit não inviabilize o trabalho geral ou a sua permanência com os demais. Trata-se de um descompasso entre os que já têm acesso e que diferencia essa situação, que é endógena, daquela em que o descompasso se dá entre os que estão e os que não estão na escola.

Entre os que estão na escola, a irredutibilidade da forma torna o trabalho de ensinar, em situações especiais, verdadeiro palco de guerra.

Em relação aos chamados alunos mais fracos, os exemplos históricos demonstram o grande predomínio de medidas segregadoras (envio para a "classe dos fracos", por exemplo) e também o predomínio de estratégias que jamais colocam em dúvida a legitimidade perene da adaptação das pessoas à forma adquirida pelos conteúdos e nunca o contrário.

No século XX, quando se cogitou adaptar a escola às pessoas, na realidade o que se fez foi negar a escolarização reduzindo a criatividade implícita na ideia de adaptação à perversidade de dar menos àqueles que foram e são considerados problemáticos.

Assim, os repertórios clínicos circularam nos ambientes escolares socorrendo docentes e dirigentes com classificações consideradas suficientes para indicar as causas do insucesso individual: anormalidade; propensão ao desvio; subnutrição; desequilíbrio familiar; instabilidade emocional etc.

Os efeitos da presença de tais repertórios foram atenuados ou agravados conforme problemas individuais foram associados à personalidade mais ampla atribuída a bairros, regiões, lugares, enfim, confundidos com as próprias pessoas.

Se Arthur Ramos, como vimos, desqualificou o uso generalizado do conceito de anormal, propondo em contrapartida o conceito de criança-problema, foi possível perceber que no uso, na apropriação diária, o conceito de criança-problema foi ressignificado como se se referisse à anormalidade de alguns somada à anormalidade de determinados lugares. Ou seja, em algumas circunstâncias a própria ideia de criança-problema passou a equivaler à ideia primeira de criança anormal.

Ou seja, inclusão e ética são dimensões tanto microscópicas quanto macroscópicas dos chamados problemas educacionais, porque nos desafiam a somar aspectos estruturais da sociedade em senso lato com aspectos estruturais do tempo-sala de aula em senso estrito.

Recentemente, a circulação de repertórios clínicos nas escolas municiou com novas palavras e conceitos as estratégias de defesa dos protagonistas do trabalho escolar em relação à repercussão social dos déficits de aprendizagem de alguns alunos, o que é objeto de contundente desqualificação do trabalho docente em geral.

Palavras como dislexia, déficit de atenção, transtornos de hiperatividade passaram a ser usadas com grande frequência para justificar o pedido de socorro de pais e professores: precisamos de um médico e de remédios para nossos alunos!

Novamente reiteramos a força das falas médicas que, assim como as falas jurídicas, em muitas ocasiões, tiveram primazia na definição das medidas educacionais "adequadas" ao perfil de crianças consideradas problemáticas.

Todavia, é necessário fazer aqui importante ressalva.

Os recentes estudos sobre déficit de atenção, dislexia e transtornos de hiperatividade têm um diferencial que não pode deixar de ser considerado.

Tais repertórios clínicos, a meu ver, não são meros herdeiros dos que usaram indiscriminadamente palavras que representaram a doença, a anormalidade e o desvio com base nos determinismos da biologia.

Estamos diante de um novo repertório que nos deixa entrever as amarras dos jogos de simultaneidade da sala de aula e seus efeitos sobre a cognição e seus ritmos e propriedades. Pode ser usado indevidamente, mas não me parece que seja sempre e incondicionalmente um campo de diagnósticos pronto para estigmatizar.

Tais repertórios podem ser utilizados de modo a justificar a sonegação de direitos educacionais ou de modo a produzir novos estigmas. Mas podem também responder a inquietações que não estão separadas pelas fronteiras entre camadas sociais: por que meu filho não aprende?

Esse novo repertório pode ser tão evasivo como qualquer repertório clínico aplicado acriticamente ao universo escolar. Mas pode também se apresentar como alternativa aos diagnósticos que simplesmente indicam que algumas pessoas não aprendem porque têm famílias desestruturadas ou porque o bairro da escola é muito precário.

Ao contrário disso, o repertório clínico das dislexias e transtornos de atenção é revelador de outras marcas de desigualdade social, uma vez que tem sido aplicado indistintamente a todos os estratos sociais, mas apenas parte da sociedade tem sido capaz de garantir recursos terapêuticos, medicamentosos e analíticos para oferecer a seus filhos ação suplementar às demandas escolares em relação a diagnósticos como esses.

Na maioria das vezes, é no uso de tais palavras que percebemos que o mesmo diagnóstico para alguns é indicativo da presença de um novo léxico da anormalidade e, para outros, é indicativo de que não há anormalidade no quadro de insucessos, mas simplesmente falta de encaminhamento correto de determinados procedimentos educacionais em face de alguns problemas de organização cognitiva.

A clivagem continua sendo menos clínica que social, porém agora temos alguns argumentos que podem fazer com que a medicina acrescente respostas que estavam faltando, especialmente se levarmos em consideração os efeitos de uma "patologia acadêmica" que também incide sobre a questão.

Explico: os problemas relacionados ao desempenho escolar estão guardados em perspectivas de análise que dificilmente dialogam entre si. E isso também faz parte do conteúdo social da questão abordada neste livro.

Quero lembrar três perspectivas de análise em relação ao tema:

a) Os chamados déficits são abordados de forma a acentuar o peso determinante das estruturas econômicas sobre tais questões, tornando-os quase inexistentes. Essa inexistência decorre da convicção de que a estrutura econômica se reflete nas demais instâncias de existência social e determina, em último caso, cada acontecimento individual.

b) Os indicativos clínicos de tais problemas são detectados como "discursos" e como tal são expressões únicas de poder, controle e transmutação do corpo em signo de dominação.

c) Os problemas cognitivos são problemas acima de tudo fisiológicos decorrentes das dinâmicas de funcionamento de todo o corpo e do cérebro em especial.

Separadas pelos guardas das fronteiras epistemológicas e políticas, vivemos um momento em que se apoiar nas bases argumentativas de uma dessas perspectivas tem exigido renunciar e combater as bases argumentativas das demais.

Porém, no microcosmo da sala de aula, há situações em que as amarras da preterição econômica não exercem efeito paralisante tão intenso quanto certas dissonâncias do corpo em relação ao ritmo escolar. É necessário somar perspectivas para evitar a patologização dos problemas e não simplesmente negar que a medicina tem algo a informar à sala de aula.

O desempenho escolar é um tema que congrega em si muito sofrimento individual e coletivo. Não há opção possível se escolher significar optar entre os que reduzem o social ao econômico, os que reduzem o corpo ao patológico e os que reduzem tudo ao campo discursivo.

Aliás, o desempenho escolar, antes de ser um problema acadêmico, é um problema de toda a sociedade, por isso temos que considerá-lo também no campo da ética.

Considerações finais

A questão do aluno-problema não pode continuar sendo abordada como se tivéssemos em dadas situações pessoas não educáveis.

Se por um lado é necessário evitar que nossa aproximação em relação à realidade dos chamados alunos-problema os transforme em "santos", portadores de uma lógica operacional que só depende do nosso entendimento e boa vontade para surtir efeitos positivos, por outro é necessário reconhecer que a lógica operacional da escola tem na homogeneidade da sala de aula um cenário que favorece o insucesso de alguns e que, por isso, muitas vezes produzimos a impressão de que a questão consiste em identificar vítimas do sistema.

Não se trata disso e é sempre recomendável evitar simplismos reducionistas.

O fundamental a perceber é que a escola não é uma instituição natural e a-histórica.

Se podemos encontrar vestígios dos seus fundamentos e da sua materialidade em tempos e espaços remotos, a impressionante síntese que a escola encerra em si a partir da segunda metade do século XIX demonstra que sua forma não estava em marcha, em estado de evolução desde o mais antigo modo de fazer até o mais moderno modo de executar.

A escola tornou-se a forma de a educação multiplicar-se e abrir-se a um propósito inédito: atingir dimensões multitudinárias, ou seja, tornar-se popular. Este é um movimento ainda em marcha.

Como processo em andamento, essa realidade traz em si muitas contradições.

Talvez a mais complexa dessas contradições esteja associada ao fato de que a organização escolar desenvolveu cenários homogeneizadores para poder expandir-se em direção a todos.

Essa particularidade responde pelo aspecto mais vulnerável da sua estrutura, que é a dificuldade em lidar com os efeitos das desigualdades sociais, das assimetrias de poder entre indivíduos e das particularidades de cada um.

Sendo impossível para a escola estruturar-se a partir da individualização de cada problema, vê-se desafiada a ser uma instituição de massas sem massificar. Quase nunca isso é possível.

Sua organização interna tem aspectos deslumbrantes e maravilhosos se considerarmos o que a instituição se tornou justamente como estratégia de expansão educacional.

A seriação do ensino, por exemplo, pode ser apontada como ícone das contradições internas presentes em suas mais visíveis realizações.

Complexa e totalmente vulnerável ao drama da repetência, a seriação até hoje não consegue ser superada. Confrontada com a lógica dos ciclos, com as experiências de progressão continuada, a seriação continua surtindo seus efeitos mesmo nas situações em que foi abolida, permanecendo "por dentro" de outras lógicas operacionais, muitas vezes fazendo com que experiências de não seriação se tornem experiências de seriação com outros nomes.

Teria a educação se expandido sem essa forma?

Não há resposta para essa questão, mesmo porque não há "se" na história.

Contudo, é possível afirmar que não existem configurações necessárias e sim configurações adquiridas. Portanto, entender o que foi feito significa compreender o acontecido e o não acontecido; hipóteses confirmadas e hipóteses silenciadas; modos de fazer que se sobrepuseram a outros modos de fazer.

O fato é que esse processo de expansão da educação na forma escolar tornou-se o mesmo processo de consolidação das sociedades salariais. Não estou me referindo a uma instituição que é somente consequência de um processo maior, antes estou enfatizando o contrário, ou seja, que a escola foi e é parte constitutiva do processo.

As sociedades salariais são também sociedades escolares e têm na universalização da educação na forma escolar um fator estruturante dos seus tempos sociais. São sociedades que têm na dificuldade de incluir um dos fundamentos de seus tecidos sociais.

A infância, nessa circunstância histórica, tornou-se um tempo social permeado pela lenta, mas contínua monopolização do trabalho pago como trabalho adulto. A infância como tempo de não trabalho pago está presa nas representações do tempo escolar que se projeta como único no tempo de ser criança.

Muitas vezes as contradições desse processo homogeneizador foram enfrentadas com hipóteses "desescolarizantes", ou seja, com argumentos defensores da desescolarização da sociedade.

Outras vezes essa desescolarização ocorreu (e ocorre) como decorrência das assimetrias sociais e das diferenças de padrão na recepção de direitos entre as camadas sociais. Ou seja, às vezes a desescolarização ocorre pela soma de precariedades que certas circunstâncias incorporam.

Quero tomar distância das bandeiras que defendem a desescolarização da sociedade e também não quero ficar indiferente à desescolarização que está ocorrendo em situações nas quais precariedades somadas têm impedido a realização de qualquer outro trabalho que não seja a administração do tempo.

Meu ponto de vista se resume, então, na seguinte expectativa: a escola deve ser respeitada e defendida; trata-se de uma das mais consistentes realizações que a humanidade já produziu.

Porém, é necessário pensar essa realização no bojo das sociedades salariais.

As sociedades salariais não estão prontas, não são definitivas, nem são o "fim da história". Por isso, não podem ser pensadas como ponto de chegada ou como situação intransponível para toda a humanidade.

O processo em marcha, para além de projetar as sociedades salariais como sociedades escolares, mantém em curso a urbanização de todo o tecido social, naquilo que Williams (2000) chamou de cultura urbana e que Lefebvre (1991) denominou revolução urbana. Tudo se dirige para o consumo urbano nas formas urbanizadas de ser e estar.

É necessário disseminar por dentro desse processo dinâmicas de resistência que passam pelo reconhecimento da necessidade de "desaprisionar" a educação da forma escolar (o que é diferente de defender o fim das escolas).

Desaprisionar a educação da forma escolar significa buscar a edificação de cidades educativas como um todo. Significa desvincular todos os compromissos educacionais de uma redução quase obrigatória à forma escolar.

Mesmo as instâncias de educação que não são escolares têm sido arrastadas para a configuração escolar a fim de que possam ser reconhecidas, já que aparentemente o único encadeamento entre saber e tempo que se sustenta como legítimo em nosso modo de viver é o encadeamento escolar.

Trata-se de pensar para além desse monopólio sem ignorar o imenso valor que a escola tem e o que ela significou e significa em termos de ganhos para todos os que se apropriam de seus conteúdos, apropriação que muitas vezes se deu e se dá com táticas diferentes daquelas prescritas pelos que conceberam o ato educacional.

Para além disso, se percebemos os limites da forma, podemos ousar mais e renovar nossas buscas não somente por uma nova escola, mas também por um novo modo de viver.

Percebemos que muitas vezes o desafio de escolarizar foi enfrentado com base na exclusão de crianças e adolescentes que adquiriam a forma social do aluno-problema.

Percebemos também que o aluno-problema materializou-se como dimensão interna de todo cenário de sala de aula, uma vez que o trabalho docente tornou-se dependente da uniformidade de ritmos e toda dissonância é apontada como atraso diante dos demais.

Ética não é o mundo das prédicas, é o mundo das práticas. Diz respeito às atitudes assumidas diante de.

Inclusão é mais do que "passar para dentro", é desmontar a lógica que torna a diferença um problema.

Ética e inclusão em educação são temas que não podem ser debatidos sem considerar essas questões de forma, principalmente a forma escolar.

Algumas das questões sugeridas não serão superadas somente com a "invenção" de novos modos de escolarizar. Algumas questões nos convidam a pensar novos parâmetros para uma sociedade que emite claros sinais de esgotamento.

A escola não está pronta, a história não chegou ao seu ápice.

Ética é também o universo de perguntas sobre o que fazemos, como fazemos e quais as consequências do que fazemos.

Inclusão é passar a fazer, parar de fazer de certa maneira e assumir as consequências de que incluir não depende somente de ajustes de conteúdo, depende também da revisão da forma.

O aluno-problema é uma personagem histórica de nosso tempo. Ética e inclusão são desafios para nosso futuro.

Para aprofundar a questão

Sugiro como aprofundamento os textos indicados no transcorrer dos capítulos acrescidos de alguns títulos com valor histórico, que podem ajudar a compreender as questões aqui sugeridas comparando-as com outros contextos e outros pontos de vista.

AGLIETTA, Michel; BENDER, Anton. *Les métamorphoses de la societé salariale*. Paris: Calman-Lévy, 1984.

ANTUNES, Mitsuko Aparecida Makino. *A psicologia no Brasil*: leitura histórica sobre sua constituição. São Paulo: Educ/Unimarco, 1999.

ARIÉS, Philippe. *História social da criança e da família*. Rio de Janeiro: Editora Guanabara, 1978.

BEISIEGEL, Celso de Rui. *A qualidade do ensino na escola pública*. Brasília: Líber, 2006.

BILAC, Olavo; BOMFIM, Manoel. *Através do Brasil*. Compilação de Marisa Lajolo. São Paulo: Companhia das Letras, 2000.

BINET, Alfred. *A alma e o corpo*. Lisboa: Bertrand, 1909.

_____. *Les idées modernes sur les enfants*. Paris: Ernest Flammarion Éditeur, 1929.

BLANCKAERT, Claude. Lógicas da antropotecnia: mensurações do homem e bio-sociologia (1860-1920). In: *Revista Brasileira de História*. São Paulo: ANPUH, v. 21, n. 41, p. 145-156, 2001.

BOLETIM DO CRPESP. *Levantamento de pesquisa*: escalas de escolaridade. CMEFEUSP, Dossiê CRPE, jun.1959, 127 p.

BOMFIM, Manoel. *O respeito à criança*. Discurso pronunciado como paraninfo de turma da Escola Normal, de 1906. Rio de Janeiro, opúsculo, acervo Luiz Paulino Bomfim, 1906. 26 p.

_____. *Pensar e dizer*: estudo do symbolo no pensamento e na linguagem. Rio de Janeiro: Casa Electros, 1923.

_____. *O methodo dos tests com applicações a linguagem no ensino primário*. Rio de Janeiro: Escola de Aplicação, acervo Luiz Paulino Bomfim, 1928.

_____. *Cultura e educação do povo brasileiro*. Rio de Janeiro: Editora Pongetti, 1932.

_____. *América latina*: males de origem. Rio de Janeiro: Topbooks, 1993.

_____. *O Brasil nação*. Rio de Janeiro: Topbooks, 1996.

_____. *O Brasil na América*. Rio de Janeiro: Topbooks, 1997.

BOTO, Carlota. Crianças à prova da escola: impasses da hereditariedade e a nova pedagogia em Portugal da fronteira entre os séculos XIX e XX." In: *Revista Brasileira de História*, São Paulo, ANPUH/Humanitas — FFLCH-USP, v. 21, n. 40, p. 237-265, 2001.

BOURDIEU, Pierre. *O campo econômico*. Campinas: Papirus, 1999.

_____. *A miséria do mundo*. Petrópolis: Vozes, 2000.

CANDIDO, Antonio. A estrutura da escola. In *Separata do Boletim CBPE*, Rio de Janeiro, CBPE, Inep, [s.d.].

_____. As diferenças entre o campo e a cidade e seu significado para a educação. In: *Pesquisa e Planejamento*, São Paulo, Centro Regional de Pesquisas Educacionais, ano I, v. I, p. 53-65, 1957.

CARVALHO, Marta Maria Chagas. *A escola e a república e outros ensaios*. Bragança Paulista: Editora Universitária São Francisco/CDAPH, 2003.

O ALUNO-PROBLEMA   121

_____. Quando a história da educação é a história da disciplina e da higienização das pessoas. In: FREITAS, Marcos Cezar de (Org.). *História social da infância no Brasil*. 3. ed. São Paulo: Cortez, 2011. p. 291-310.

CASTEL, R. *As metamorfoses da questão social*. Petrópolis: Vozes, 2005.

CHARTIER, Roger. *A história cultural*: entre práticas e representações. Lisboa: Difel, 1990.

CLARK, Oscar. *O seculo da creança*. Rio de Janeiro: Canton & Reile, 1940.

CONSORTE, Josildeth Gomes. A educação nos estudos de comunidades. In: *Educação e ciências sociais*, Rio de Janeiro, Centro Brasileiro de Pesquisas Educacionais, ano I, v. 1, n. 2, p. 63-106, 1956.

_____. A criança favelada e a escola pública. *Educação e Ciências Sociais*, Rio de Janeiro, Centro Brasileiro de Pesquisas Educacionais, ano IV, v. 5, n. 11, p. 45-60, 1959.

CORRÊA, Mariza. *As ilusões da liberdade*. Bragança Paulista: EDUSF, 1998.

_____. *História da antropologia no Brasil*. Campinas: Editora da Unicamp, 1987.

_____. A cidade dos menores: uma utopia dos anos 30. In: FREITAS, Marcos Cezar de (Org.). *História social da infância no Brasil*. 8. ed. São Paulo: Cortez, 2011.

CORSARO, W. *The sociology of childhood*. Indiana: Pine Forge Press, 1997.

CURY, Carlos Roberto Jamil. *Os fora de série na escola*. Campinas: Autores Associados, 2005.

DAUSTER, T. Uma infância de curta duração: trabalho e escola. *Cadernos de Pesquisa*, São Paulo, Cortez e Fundação Carlos Chagas, n. 82, p. 31-36.

DEWEY, John. *The school and society*. Chicago: University of Chicago Press, 1900

DÓRIA, Sampaio. *Questões de ensino*. São Paulo: Monteiro Lobato & Cia., 1923.

DUARTE, Nestor. *A ordem privada e a organização nacional*. São Paulo: Companhia Editora Nacional, 1966.

EDUCAÇÃO E CIÊNCIAS SOCIAIS. Rio de Janeiro, CBPE, Inep, n. 1, 1956.

ELIAS, Norbert. *Os estabelecidos e os outsiders*. Rio de Janeiro: Jorge Zahar Editor, 1994.

_____. *Escritos e ensaios*. Rio de Janeiro: Zahar, 2005.

_____. *Os estabelecidos e os outsiders*. Rio de Janeiro: Zahar, 2005.

FARIA, Ana Lúcia Goulart. Origens da rede municipal de educação infantil na cidade de São Paulo. In: *Pro-posições*, Campinas, FE/Unicamp, v. 6, n. 2 (17), p. 34-45, jul. 1995.

FERNANDES, Florestan. A escola e a ordem social. *Pesquisa e Planejamento*, São Paulo, CRPESP, n. 6, p. 137-153, 1963.

_____. *Comunidade e sociedade no Brasil*. São Paulo: EDUSP, 1969.

_____. *Folclore e mudança social na cidade de São Paulo*. São Paulo: Martins Fontes, [1961] 2004.

FREITAS, Marcos Cezar de (Org.). *A reinvenção do futuro*: trabalho; política e educação na globalização do capitalismo. São Paulo: Cortez/Edusf, 1996.

_____. *Da micro história à história das ideias*. São Paulo: Cortez, 1999.

_____. *História, antropologia e a pesquisa educacional*: itinerários intelectuais. São Paulo: Cortez, 2002.

_____. *Alunos rústicos, arcaicos e primitivos*. São Paulo: Cortez, 2004.

Freitas, M. C. *Desigualdade social e diversidade cultural na infância e na juventude*. São Paulo: Cortez, 2006. p. 17-48.

_____. Prefácio. In: FARIA, Ana Lucia Goulart (Org.). *O coletivo infantil*. São Paulo: Cortez, 2007.

_____. *Arcaísmos & pensamento social*: a criança pobre e as mãos vazias de seus pais (in)cultos. Ou: das incompletudes do alfabeto, da rua, da casa e da escola. Tese (Livre-Docência em Educação) — Departamento de Educação, Universidade Federal de São Paulo, São Paulo, 2008. 232 p.

_____. A criança-problema: formas de coesão contra o pobre e formas partilhadas de preterição social. In: MOTA, André et al. (Org.). *Infância e saúde*. São Paulo: Hucitec, 2010. p. 89-120.

O ALUNO-PROBLEMA

_____. História da infância no pensamento social brasileiro. Ou, escapar de Gilberto Freyre pelas mãos de Mário de Andrade. In: _____ (Org.). *História social da infância no Brasil*. 8. ed. São Paulo: Cortez, 2011. p. 251-268.

_____; SILVA, A. P. F. Escolarização, trabalho e sociabilidade em situação de risco: apontamentos para uma antropologia da infância e da juventude sob severa pobreza. In: FREITAS, M. C. *Desigualdade social e diversidade cultural na infância e na juventude*. São Paulo: Cortez, 2006. p. 17-48.

_____; SOUZA, Maurilane. *História social da educação pública no Brasil (1926-1996)*. São Paulo: Cortez, 2009. (Biblioteca Básica de História da Educação, v. 3.)

HALL, Stuart. *Da diáspora*. Belo Horizonte: Editora UFMG, 2000.

HAMILTON, David. Notas de lugar nenhum: sobre os primórdios da escolarização moderna. In: *Revista Brasileira de História da Educação*, Campinas, Autores Associados, p. 45-74, 2001.

INFORME CBPE. *Revista Brasileira de Estudos Pedagógicos*, Rio de Janeiro, Inep, n. 59, p. 119-121, 1955.

JAVEAU, C. *Le bricolage du social*. Paris: PUF, 2001.

JENKS, C. *Childohood*. London: Routledge, 1996.

KLINEBERG, Oto. Centro Educacional de Pesquisas Educacionais. *Documentos iniciais*. Separata de Educação e Ciências Sociais. Rio de Janeiro: CBPE, Inep, 1956.

KUBINZKY, Zita P. Centro regional de pesquisas educacionais do sudeste: escorço histórico e estrutura atual. *Pesquisa e Planejamento*, São Paulo, CRPE, n. 16, p. 7-28, jan. 1975.

KUHLMANN JÚNIOR, Moysés. *Infância e educação infantil*: uma abordagem histórica. Porto Alegre: Mediação, 1998.

_____. O jardim de infância e a educação das crianças pobres. In: MONARCHA, Carlos (Org.). *Educação da infância brasileira 1875-1983*. São Paulo: Autores Associados/Fapesp, 2001. p. 3-30.

LAHIRE, Bernard. *Sucesso escolar nos meios populares*: razões do improvável. São Paulo, Ática, 2005.

LEFEBVRE, Henri. *The urban revolution*. Minneapolis: University of Minnesota Press, 1991.

LIMA, Nísia Trindade. *Um sertão chamado Brasil*. Rio de Janeiro: Revan, 1999.

LONDOÑO, Fernando Torres. A origem do conceito de menor. In: DEL PRIORE, Mary. *História da criança no Brasil*. São Paulo: Contexto, 1992. p. 129-145.

LOURENÇO, Arlindo. *As regularidades e as singularidades dos processos educacionais no interior de duas instituições prisionais e suas repercussões na escolarização de prisioneiros*: um contraponto à noção de sistema penitenciário? Dissertação (Mestrado) — PPG Educação: História, Política, Sociedade, Pontifícia Universidade de São Paulo, São Paulo, 2005.

LOURENÇO FILHO, Manuel B. *Testes abc para verificação da maturidade necessária à aprendizagem da leitura e da escrita*. 7. ed. São Paulo: Melhoramentos, 1962.

_____. *Introdução ao estudo da escola nova*. 12. ed. São Paulo, Melhoramentos, [1929] 1978.

_____. A psicologia no Brasil. In: AZEVEDO, Fernando de. *As ciências no Brasil*. Rio de Janeiro: Editora da UERJ, 1990. v. 2, p. 301-341.

LOURENÇO FILHO, Rui; MONARCHA, Carlos (Org.). *Por Lourenço Filho*: uma biobliografia. Brasília: Inep, 2001.

MAIO, Marcos Chor. *A história do projeto Unesco*: estudos raciais e ciências sociais no Brasil. Tese (Doutorado) — IUPERJ, Rio de Janeiro, 1997.

MAUSS, M. *Trois observations sur la sociologie de l'enfance*. Paris: Gradhiva, 1996.

MAYALL, B. *Children's childhood: observed and experienced*. London: Falmer Press, 1994.

_____. *Towards a sociology for childhood*. Buckingham: Open University Press, 2002.

MEAD. Margareth. *Coming of age in Samoa*. New York, Harper Collins Publishers, 2001.

MOLINARI, Luisa; CORSARO, William. Transitions in early childhood: the promise of comparative, longitudinal ethnography. In: JESSOR, Richard et al. (Ed.). *Ethnography and human development*. Chicago: The University of Chicago Press, 2007. p. 459-78.

MOREIRA LEITE, D. A promoção automática e a adequação do currículo ao desenvolvimento do aluno. *Pesquisa e Planejamento*, Centro Regional de Pesquisas Educacionais de São Paulo, São Paulo, ano III, v. 3, p. 15-26, jun. 1959.

MORTATTI, Maria do Rosário. Testes abc e a fundação de uma tradição: alfabetização sob medida. In: MONARCHA, Carlos (Org.). *Lourenço Filho*: outros aspectos mesma obra. São Paulo: Editora da Unesp/Mercado de Letras, 1997. p. 59-90.

MORTATTI, Maria do Rosário. *Os sentidos da alfabetização — 1876/1994*. São Paulo: Editora da Unesp/Inep, 2000.

NARODOWSKI, Mariano. *Infância e poder*. Bragança Paulista: Edusf, 2001.

NOGUEIRA, Oracy. O problema cidades laboratório. *RBPE*, Rio de Janeiro, Inep, n. 73, p. 47-52, 1959.

OLIVEIRA, Milton Ramon Pires. *Formar cidadãos úteis*: os patronatos agrícolas e a infância pobre na Primeira República. Bragança Paulista: Edusf, 2003.

PAIVA, V. Revolução educacional e contradições da massificação do ensino. *Contemporaneidade e Educação*, Rio de Janeiro, IECEC, v. IV, n. 3, p. 44-99, 1998.

PAUGAN, S. *A desqualificação social*. São Paulo: Cortez/Educ, 2005.

PENNA, Antonio Gomes. *História da psicologia no Rio de Janeiro*. Rio de Janeiro: Imago, 1992.

PEREIRA, Luiz. Rendimento e deficiências do ensino primário. CRPESP, DEPES, PS, Caixa 1, docs. 1-21, fls. 522, p. 1.

PEREIRA, Luiz. *A escola numa área metropolitana*. São Paulo: Edusp, 1967.

PROJETO-PILOTO, Relatório Final. Rio de Janeiro: Fundação Ford; Petrópolis: Vozes, 1967.

QVORTRUP, J. Placing children in the division of labour. In: COLLINS, R. *Family and economy in modern society*. London: Macmillan, 1986.

QVORTRUP, J. *Childhood as a social phenomenon*. Vienna: European Centre, 1991.

RAMOS, Arthur. *A criança-problema*. 2. ed. Rio de Janeiro: Casa do Estudante, 1939.

ROSA, Zita de Paula. *O tico tico*: mito da formação sadia. Tese (Doutorado) — Faculdade de Filosofia, Letras e Ciências Humanas, Departamento de História, Universidade de São Paulo, São Paulo, 1991.

SARTI, Cynthia. *A família como espelho*. São Paulo: Cortez, 2003.

SASS, Odair. Crítica da razão solitária: o pragmatismo de Georg H. Mead. Tese (Doutorado) — Pontifícia Universidade Católica de São Paulo, São Paulo, 1992.

SILVA, Marcia. *Sociologia da sociologia da educação*. Bragança Paulista: EDUSF, 2001.

SIMMEL, Georg. *On individuality and social forms*. Chicago: Chicago University Press, 1971.

SIMMELL, Georg. *Les pauvres*. Paris: PUF, 2000.

SIMMEL, Georg. *Questões fundamentais de sociologia*. Rio de Janeiro: Zahar, 2006.

SPÓSITO, Marilia. *O povo vai à escola*. São Paulo: Loyola, 1998.

STONE, Lawrence. *Family, sex and marriage in London*. London: Penguin Books, 2000.

TEIXEIRA, Anísio. *Educação não é privilégio*. Rio de Janeiro: Editora da UFRJ, 1994.

_____. *Educação é um direito*. Rio de Janeiro: Editora da UFRJ, 1996.

TEIXEIRA LOPES, Eliane Marta. A psicanálise aplicada às crianças: Arthur Ramos e a criança-problema. In:, FREITAS, M. C.; KUHLMANN JR., M. *Os intelectuais na história da infância.* São Paulo: Cortez, 2002. p. 319-44.

THOMPSON. John. *Ideologia e cultura moderna.* Petrópolis: Vozes, 2005.

VINCENT, Guy. *L'école primaire frnçaise. Étude sociologique.* Lyon: Presse Universitaire de Lyon, 1980.

_____; LAHIRE, Bernard; THIN, Daniel. *Sur l'histoire et la theorie de la forme scolaire.* In: VINCENT, Guy (Dir.). *L'éducation prisonnière de la forme scolaire. Scolarization et socialization dans les societies industrielles.* Lyon: Presses Univesitáries de Lyon, 1994.

WILLIAMS, Raymond. *Long revolution.* New York: Columbia University Press, 2000.

XAVIER, Libania Nacif. *O Brasil como laboratório.* Bragança Paulista: Edusf, 2000.